Darblay / de Beaurepaire · Picknick

Darblay / de Beaurepaire · Picknick

Jeanne-Marie Darblay
Caroline Mame de Beaurepaire

Picknick

Vergnügen, Lust & Genuß

Deutsch von Sibylle Schneider

Müller Rüschlikon Verlags AG, CH-Cham / Zug

Copyright © 1994 Sté Nlle des Editions du Chêne
Titel des französischen Originals: Pique-Nique by Jeanne-Marie Darblay and
Caroline Mame de Beaurepaire,
erschienen bei Editions du Chêne, 79, bd Saint-Germain, F-75288 Paris Cedex 06

ISBN 3-275-01092-1

1. Auflage 1994

Copyright © by Müller Rüschlikon Verlags AG, Gewerbestrasse 10, CH-6330 Cham
Sämtliche Rechte der Speicherung, Vervielfältigung und Verbreitung sind vorbehalten.

Satz: F. X. Stückle, D-77955 Ettenheim

Printed in Switzerland

Inhalt

Prolog

«Jahre waren vergangen, Sonntage eintönig und trist wie ein Montag. Anatol nahm Henriette zur Frau ...» Erinnerungen, Erinnerungen ... Immer würde der Bootsfahrer sich an diese Landpartie erinnern, unvergeßlich und schön. Ganz so, als ob sie soeben erst stattgefunden hätte, sah er alles vor sich: das karierte Tischtuch im Gras unter dem Kirschbaum ausgebreitet; die Mutter mit den üppigen Formen, wie sie gierig ein Stück vom Hasenbraten verschlang; den Vater, wie er zwischen zwei Schlucken Anatol ausschalt und sich immer wieder einen ordentlichen Schluck Wein einschenkte. Anatol, dieser Handlungsgehilfe mit dem nichtssagend langweiligen Blick und den struppig wirren Haaren, der nichts Besseres zu tun wußte als Maulaffen feilzuhalten. Und dann, ein bißchen im Hintergrund, Henriette. Henriette in anmutiger Haltung, unter den seidigen Unterröcken konnte man Schenkel und Beine erahnen, schlank und sehnig. Henriette, das schöne, sanfte Mädchen, das Bacchus einige Augenblicke später auf einem grünen Rasenbett in die Arme des Liebesgottes Cupido werfen würde ... Aber die Vernunft würde siegen und sie nach Hause treiben. Zurück blieb der Bootsfahrer, unsterblich verliebt und zu Tode betrübt. Henriette wird Anatol heiraten.

Zu der Zeit, als Guy de Maupassant in seiner *Partie de campagne* (Die Landpartie) dieses berühmt gewordene Bild einer Pariser Kleinbürgerfamilie zeichnete, wurden in den Anstandsbüchern der Epoche die wohlerzogenen jungen Mädchen eindringlich vor diesen Landpartien gewarnt. «Hier herrscht eine geradezu leichtfertige Ungezwungenheit, die nur allzuleicht zu Unschicklichkeiten führen kann», beunruhigte sich im Jahre 1895 die Baronin von Staffe in der 93. Ausgabe ihres Buches über die gesellschaftlichen Umgangsformen *Usages du monde*.

Zweifellos hätte die tugendhafte Baronin sich vor Scham das Gesicht verhüllt beim «skandalösen» Anblick des berühmten Gemäldes von Manet *Das Frühstück im Grü-*

nen. Die Baronin warnte die jungen Mädchen aber auch vor «Schlemmereien, machten diese doch häßlich und zeugten überdies von schlechter Erziehung». Sicher hätte diese Dame auch vorliegendes Buch auf den Index gesetzt. Dreht sich hier doch alles um jene ungezwungenen Mahlzeiten im Freien – gut vorbereitete oder ganz und gar improvisierte – und um Erinnerungen an allerlei sinnliche Genüsse. Welcher Art das Picknick nun immer sein mag – Imbiß unter Aristokraten, Mahlzeit nach erfolg-

reich beendeter Jagd, nächtliches Mahl beim trauten Tête-à-tête oder sonntägliche Landpartie der Familie – immer verbinden wir damit das Ungezwungene, Formlose, Rast, Entspannung, Freiheit, in einem Wort: Vergnügen. Ein Vergnügen, das man stets mit anderen teilt, man kann es zu zweien genießen oder gar zu zweihundert. Ein Vergnügen, an dem alle Sinne beteiligt sind und der Lust am Essen und Trinken hemmungslos gefrönt wird. Dies ist der Ort, an dem Bacchus regiert, aber auch Jupiter zugegen ist. Denn hier verlangt die Natur ihr Recht, im Guten wie im Schlechten. Es bleibt nicht aus, daß Anhänger und Liebhaber des Picknicks den Unbilden der Natur ausgesetzt sind, müssen sie doch glühender Hitze trotzen, Unwetter über sich ergehen lassen und mit solchen Widrigkei-

Linke Seite. 4. Juli 1934: Wie jedes Jahr finden sich Schülerinnen und Lehrerinnen der Mädchenschule von Cheltenham (Großbritannien) auch diesmal wieder zu einem riesigen Frühstück im Grünen zusammen, um dem Todestag des ehrenwerten Gründers ihrer Schule zu gedenken.

Bild oben. September 1945 bei den Rennen in Galway (Irland): Das Vergnügen, mit den Fingern zu essen, ist heute wie damals das gleiche. Schmeckt ein ganz gewöhnlicher Hühnerschenkel so nicht unvergleichlich besser? Vor allem dann, wenn er noch reichlich mit Wein begossen wird.

Folgende Doppelseite. Sommer 1936 in Wales: ein unvergleichliches Bild. Strahlt es nicht vollkommenes Glück und Harmonie aus?

ten wie Ameisenhaufen und spitzen Steinen fertig werden, die sich in der Regel ausgerechnet dort befinden, wo der Gast sich zum entspannten Genuß niederzulassen gedenkt.

Adam und Eva, die sich im Garten Eden die verbotene Frucht teilten, die Kinder Israels, die bei ihrem Zug durch die Wüste das Manna aßen, das für sie vom Himmel fiel, all die Menschen, die bei der wundersamen Vermehrung von Brot und Fisch um Jesus Christus herum im Gras lagerten, Höhlenmenschen, Pilger des Mittelalters, Krieger, Clochards, Jäger, Reisende, vorbildlich erzogene junge Mädchen und liederliche Dirnen, Monarchen und Bauern – alle haben sie, sei es nun zufällig oder notgedrungen, sowohl Reiz als auch Unbill dieser Mahlzeiten im Grünen kennengelernt, deren Ursprünge bis in die graue Vorzeit zurückreichen.

Dennoch: In seiner heutigen Bedeutung als Mahlzeit im Freien ist «Picknick» ein moderner Begriff. Als dieses Wort zum ersten Mal in der französischen Sprache auftauchte, je nach Quelle 1692 oder 1694, wurde es in der Wendung «eine Mahlzeit als Picknick abhalten» gebraucht im Sinn von «Mahlzeit, die dem Vergnügen dient, zu der jeder seinen Anteil beisteuert, sei es in Geld oder in Naturalien, indem er ein Gericht in das Haus mitbringt, in dem man sich zum gemeinsamen Mahl zusammenfindet» (Littré in seinem *Dictionnaire*, 1876). Unsere Alltagsgewohnheiten erscheinen somit in einem ganz neuen Licht. Wenn

wir im Restaurant die Rechnung untereinander aufteilen oder aber zum Mahl bei Freunden unseren Teil beisteuern, veranstalten wir, ohne uns dessen bewußt zu sein, genauso wie Monsieur Jourdain in Molières Komödie *Der Bürger als Edelmann* ein Picknick.

Ganz ohne Zweifel handelt es sich beim Picknick um eine Mahlzeit mit vielen Gesichtern, eine Mahlzeit, die überall und zu jeder Jahreszeit eingenommen werden kann und überdies jedem Geldbeutel und Geschmack gerecht wird. Es kann in einem «ruhigen kleinen Restaurant» stattfinden wie jenes, in dem sich George Sand mit ihren Freunden traf (*Histoire de ma vie* – Geschichte meines Lebens) oder im feinsten Lokal von Nancy, der «Grande Chaumière», in dem sich d'Antin, Madame d'Hocquincourt und ihre Spielkumpanen ein Stelldichein gaben (*Lucien Leuwen* von Stendhal). Es war d'Antin, der sich anbot, den Wein zu beschaffen: «Im Namen des Picknicks werde ich mich um den Wein kümmern und jedem seinen Anteil dafür abknöpfen. Ich werde ihn in ‹La Grand Chaumière› schicken lassen. Einstweilen

Eine Gruppe von Arbeitern beim Picknick vor Clifford's Inn, ehemals beliebter Treffpunkt englischer Anwälte.

gebe ich Ihnen 100 Francs, Monsieur Leuwen.»

«Schick und nicht teuer», diese Art von Mahlzeit überzeugte den knickrigen Marquis in Alphonse Karrs Roman *Sous les tilleuls* (Unter den Linden). «Stephan und einige seiner Freunde wollten ein gemeinsames Mahl veranstalten. Sie redeten dem Marquis ein, daß ein Picknick abgehalten werden sollte, daß Damen dazu eingeladen würden und daß er, der Marquis, sich von seiner galantesten und spendabelsten Seite zeigen sollte. All das nur, um ihn dazu veranlassen, für zwölf bis fünfzehn Personen ein Mahl zu veranstalten.»

Die Intellektuellen und mittellosen Künstler trafen sich, ohne große Umstände zu machen, beim einen oder anderen zum Essen. Die Brüder Goncourt berichten, daß Honoré Daumier seine Gäste «in einem großen Zimmer empfing, in dessen Mitte ein bis zur Weißglut erhitzter Kanonenofen bullerte. Um ihn herum auf dem Boden sitzend eine Schar von Männern, die Weinflasche in der Hand.»

Im *Piéton de Paris* (Der Wanderer durch Paris) erzählt Léon-Paul Fargue, daß die Sängerin Suzy Solidor nach ihrer Trennung von der berühmten Antiquitätenhändlerin Yvonne de Bremond d'Ars einen kleinen Raritätenladen eröffnet und ihn voller Stolz «À la Grande Mademoiselle» genannt hatte – ein Titel, der der Tochter des Bruders von keinem Geringeren als Ludwig XIV. vorbehalten war. An den Sonntagen «verwandelte sich dieser Laden unversehens in eine Herberge, denn die Freunde von Suzy brachten wieder Freunde mit. Und ganz von selbst ergab sich so ein ungezwungenes Picknick, das in einer außerordentlich herzlichen und kameradschaftlichen Atmosphäre stattfand. Matrosenlieder heizten die Stimmung noch mehr an.»

Woher um alles in der Welt kommt nun dieses merkwürdige kleine Wort, das man in verschiedenen Schreibweisen antrifft: auf englisch «pic-nic» oder «pick-nick», auf französisch «piquenique» oder «piquenique» oder auf irgendeine wie z.B. «pikenike»? Auch hier sind sich die Wörterbücher alles andere als einig. *Die Große Enzyklopädie* von 1885 weist auf England als Ursprungsland hin. Im 18. Jahrhundert

1890 zur Zeit des Vordringens europäischer Siedler in den amerikanischen Westen: Was mag wohl der Grund sein für die verdrossenen Mienen dieser wackeren Cowboys, die hier um die Kantine ihrer Wagenkolonne gruppiert sind? Ist es vielleicht die (mindere) Qualität des Essens oder ihr hartes Leben oder aber die Furcht vor einem Überfall der Indianer?

Dienstboten trugen die großen Körbe zum Waldrand, im Gras wurde ein großes Leinentuch ausgebreitet, unter den Bäumen wurden Klappstühle aufgestellt, die jungen Mädchen breiteten ihre seidig schimmernden Kleider anmutig über Knie und Beinen aus wie Blütenblätter schwer vom Morgentau. Die Teller waren reich bestückt. Angelika alias Claudia Cardinale genießt den idyllischen Aufenthalt in der freien Natur. Aufgenommen von der Kamera des Filmregisseurs Lucchino Visconti sehen wir hier das Frühstück im Grünen aus dem Film Der Leopard (Il Gattopardo) *von 1962.*

sollen die Engländer es «erstmals für improvisierte Mahlzeiten» verwendet haben, «eine Mode, die sich alsbald nach Frankreich ausbreiten sollte.» Andere wiederum sind der Meinung, daß «Picknick» französischen Ursprungs sei und daß es in England erst ab 1748 auftauchte.

Die mit Abstand eigenwilligsten Interpretationen und Vermutungen über den Ursprung des Wortes «Picknick» verdanken wir einem überaus gebildeten und vor allem phantasievollen Geist: Pierre Larousse. In seinem *Großen Universallexikon des 19. Jahrhunderts* versteigt er sich zu den abenteuerlichsten ethymologischen Deutungen. Erst behauptet Larousse glatt, der «Ursprung liege im Dunkeln», dann bezieht er sich auf Duchat, der von «einer Mahlzeit» spricht, «die in einem Dorf namens Pique-Nique stattgefunden haben soll, wobei jeder der Geladenen seinen Anteil zu bezahlen pflegte»! Der Philologe François Génin verfolgt eine andere Spur, überraschenderweise führt sie nach Deutschland. Demnach würde Picknick

vom deutschen «nick» (laut Génin «Blinzeln, Zwinkern») und «nicken» (nach Génin «jemandem zuzwinkern oder -blinzeln als Zeichen von Spott oder gar Verachtung») herstammen. Hier nimmt Larousse den Faden wieder auf: «Nehmen wir mal an, es gäbe im Französischen das Wort ‹niquer›, dann könnte man doch folgenden Satz bilden: Tu me piques, je te nique, partant quittes» (in etwa: Du – pick mich, ich – nick dich, schulden wir uns gar nichts). Genau das ist Sinn und Bedeutung des Wortes «Picknick», auf ähnliche Weise entstanden wie folgende Redewendungen: ‹Wurst wider Wurst› oder ‹Wie du mir, so ich dir›. Spiel und Revanche, Ausdruck des Gleichgewichts, Zeichen der Gleichheit zwischen den beiden Teilen. Speisen im Sinn von «ein Picknick abhalten» bedeutet, daß keiner der Gäste dem anderen etwas schuldig bleibt, vorausgesetzt natürlich, jeder zahlt den gleichen Anteil. Dieselbe Ausgewogenheit, dasselbe Gleichgewicht wie zwischen ‹pique› (Pick) und ‹nique› (nick); dies geht sogar soweit, daß die

Anzahl der Buchstaben bei beiden gleich sind und daß sie sich überdies reimen.» Indem er seine Betrachtungen mit dem kindlichen Abzählvers «Pique nique douille ...» abschließt, dessen Klang ihn an «Picknick» erinnert, macht Pierre Larousse deutlich, daß es ihm bei seiner Definition vor allem auf den spielerischen Aspekt ankommt, der dem Wort «Picknick» innewohnt. In der Tat, das *Wörterbuch der französischen Sprache des 16. Jahrhunderts* scheint Larousse recht zu geben. Demnach war «nique-noque» ein unterhaltsames Spiel, «niquenoquer» bedeutete scherzen, spaßen und «niquet» war ein kleines Geldstück; der Begriff wurde «häufig dazu benutzt, um auszudrücken, daß etwas von geringem Wert war.» Hier haben wir noch einen Aspekt: Das Picknick ist eine Mahlzeit, der kein übertrieben hoher Wert zukommt, sie findet in lockerer, ungezwungener Atmosphäre statt, mit einem Wort, es ist ein Mahl, bei dem man sich amüsiert. Wie sieht also so ein Picknick aus? Der gastronomische Spielraum ist enorm: Auf der einen Seite der anspruchslose Imbiß eines Einzelnen bestehend aus Tomate und hartem Ei oder einem Sandwich oder das Sammeln und Verzehren von Pilzen, Früchten und Beeren unterwegs auf der Wanderung – auf der anderen Seite der Picknick-Skala die Schlemmermahlzeiten in freier

Natur bis hinauf zu jenen Festessen, bei denen sich Könige und Adelige zu vergnügen pflegten.

Gemeinsamkeiten gibt es dennoch. Meist wird das Mahl kalt genossen. Alexandre Vialatte weist in seinem *Almanach des quatre saisons* (Almanach der vier Jahreszeiten) ausdrücklich auf diesen bezeichnenden Umstand hin: Im März «scheint die Sonne bisweilen recht stark. Manche Leute verspüren dann das Bedürfnis, kalten Kalbsbraten zu essen und das an einem höchst unbequemen Ort, der überdies keinen hinreichenden Schutz bei überraschenden Regengüssen bietet. Aber das gehört nun mal zum Picknick.» Lange noch bevor man kalt aß, verzehrte man die Nahrungsmittel im Urzustand, man aß sie roh. Ganz so neu und modern wie es uns erscheint, ist die Rohkost nun auch wieder nicht. Brillat-

Savarin, einer der ganz Großen der französischen Kochkünstler, stellt fest: «Unsere Urgroßeltern verzehrten ihre Nahrung roh, und auch bei uns ist diese Gepflogenheit nicht ganz in Vergessenheit geraten. Selbst der verwöhnteste Gaumen ist mit Wurst aus Arles genauso gut bedient wie mit Mortadella, geräuchertem Rindfleisch aus Hamburg, mit Anchovis oder Salzheringen und ähnlich leckeren Dingen, die alle nicht im Ofen waren und dennoch nicht weniger Appetit machen als Gebratenes oder Gekochtes. [...] Aber», so fährt er fort, «nachdem die Menschen das Feuer kennengelernt hatten, nutzten sie es auch. Zuerst räucherten sie das Fleisch nur, schließlich brieten sie es auf dem Feuer. Schmeckte es so doch viel besser.»

Der Holzkohlengrill war geboren! Im *Guinness-Buch der Rekorde*, Spielwiese der Exzentriker und Verrückten, finden sich natürlich auch Picknicks, die aus dem üblichen Rahmen fallen. So haben am 31. Januar 1981 in Honolulu nicht weniger als 15 000 Menschen an einer gigantischen Grillparty teilgenommen – 46 486 Hühner mußten bei dieser Gelegenheit ihr Leben lassen! Am 6. August 1982 versammelten sich «nur» 1880 Menschen zum jährlichen Picknick der Fancy Farm in Kentucky (USA). In ihren Bäuchen verschwanden: 6,8 Tonnen Hammel-, Schweine- und Hühnerfleisch!

Ob man nun mit einem Kinderschäufelchen Löcher buddelt, im Wald oder am Flußufer nach Holz und Steinen sucht, um eine Feuerstelle zu bauen, ob man Seeigel, Muscheln, Walderdbeeren, Pilze oder Heidelbeeren sammelt, um sie an Ort und Stelle zu verzehren – beim Picknick ist alles spielerisch, das Kind im Erwachsenen, das im normalen Alltagsleben sein Dasein im Untergrund fristen muß, lebt auf. So ist

es nicht weiter verwunderlich, daß bei dieser Gelegenheit alle möglichen Spiele gespielt werden, spontane wie Versteckspielen, Kricket, Ballspiele oder Kartenspiele, aber auch wohl vorbereitete wie Ballettaufführungen, Wasserspiele oder Feuerwerke, wie sie auf den Festen der Könige und des Adels üblich waren.

Bisweilen wurde ganz unversehens das Picknick selbst zum Spiel. Den Teilnehmern blieb gar nichts anderes übrig, als gute Miene zum bösen Spiel zu machen, und es konnte durchaus mal vorkommen, daß ein schlechter Scherz für gute Laune sorgte. Als seine Freunde am Ufer eines kleinen Sees saßen und heißhungrig seinen mit Spinat gefüllten Hasen verzehrten, eröffnete ihnen der Koch – nicht ohne hinterlistiges Lächeln –, er habe vergessen, den Hasen auszunehmen. Wer's glaubt! Ein anderes Mal setzte er ihnen das Leibgericht vieler Franzosen vor, Kaldaunen, zubereitet auf seine Art: feine Gummischeibchen in einer leckeren Soße geschmort! Von solchen Pennälerscherzen berichtet uns Pierre Sansot in seiner Studie *Pratiques alimentaires et festives en Languedoc* (Eßgewohnheiten und Festbräuche im Languedoc). Ähnliches war bei den Studenten von

Montpellier gegen Ende des Mittelalters Usus. Gemäß einer alten Tradition veranstalteten die Franzosen jeweils am Studienende für ihre ausländischen Kommilitonen ein Picknick. Hauptgang: eine Katze, zubereitet und angerichtet wie ein Hase.

In diesem Zusammenhang ist es an der Zeit, ein Volk zu erwähnen, das für seinen Hang zur Exzentrik allenthalben bekannt ist. Den Engländern, Natur- und Picknickfreunden par excellence, blieb es vorbehalten, für ihr Picknick einen ganz besonderen Ort aufzutun – den Friedhof. Zugegebenermaßen sind die Friedhöfe in Großbritannien nun mal ganz besonders romantisch. Wenn das Wetter nicht danach war, brachte das einen echten Briten keineswegs in Verlegenheit. Es wurde ganz einfach der Salon stilgerecht in einen Friedhof umgewandelt! Auf einer Graphik aus der Mitte des 19. Jahrhunderts ist ein als Grabstein hergerichteter Zeichentisch abgebildet; die Inschrift lautet «Ruine einer Abtei». In demselben Zeichenzimmer hängen vom Kronleuchter Zweige herunter, auf denen zu lesen steht: «Obwohl es sich hier um einen Leuchter handelt, ist dies eine prachtvolle Buche!» Ein anderes Schild stellt klar: «Stühle hier nicht genehmigt». Auf dem Fuß-, pardon, Friedhofsboden: Gläser, Flaschen, Teller und Kissen, auf denen Frauen in lässig-träger Stellung ruhen, die Männer auf dem Bauch ausgestreckt. Kommentar eines Gastes: «Das ist doch viel bequemer, noch dazu wird man nicht von Insekten belästigt!»

Ob man nun Picknick-Liebhaber ist oder nicht, es ist fast unmöglich, ihm zu entkommen. Zumindest einmal im Lauf seines Lebens wird jeder Mensch an einem Picknick teilnehmen.

Daraus ist die Idee für dieses Buch entstanden. Geschichte, Malerei, Literatur, Film und Familienalben sollen den Leser ins Land des Picknicks entführen, dorthin, wo die freie Natur das Herz des Menschen beflügelt und seinen Appetit anregt, egal, ob er nun König, Bürger oder Bauer ist.

Vom Vergnügen,
im Freien zu tafeln

«Komm, Liebling, laß uns sehen, ob die Rose ...» Wenn der Frühling einzieht und die Natur in zarten Farben erblühen läßt, wenn die Turteltauben gurren und die Liebespärchen turteln, ist die Luft samtweich, das junge Gras zart wie nie. Kein Zweifel, das erste Picknick aller Zeiten – jenes, bei dem Adam und Eva den verhängnisvollen Apfel verzehrten – kann nur in dieser von den Göttern gesegneten Jahreszeit stattgefunden haben. Seit jener Zeit verspürt der Mensch beim Anbrechen der ersten schönen Tage des Jahres eine gewisse Unruhe, die Sehnsucht, sich in idyllisch-heiterer Umgebung Genüssen allerlei Art hinzugeben. Was immer er nun sei, Dichter oder einfacher Mann aus dem Volk, Adeliger oder Bürger, voller Freude ergeht er sich in der wohl geordneten Natur der Gärten und Parks sowohl in den Städten als auch außerhalb der Stadtmauern. Jeder steuert seinen Teil bei und hilft beim Herrichten des Picknicks tatkräftig mit ... Um seine Angebetete zu verführen, schuf der Mensch im Mittelalter «Liebesgärten», in denen erlesenste Speisen und süßeste Worte miteinander im Wettstreit lagen. Viele Maler und Schriftsteller des Mittelalters und der Renaissance spielen auf diese paradiesischen Gärten der Lust an (hortus voluptatum) und versuchen in ihren Werken, die verlorengegangene Harmonie zwischen pflanzlicher, tierischer und menschlicher Welt wieder herzustellen, um ein Abbild des verlorenen Paradieses zu schaffen.

Gut geschützt vor indiskreten Blicken pflegte Katharina von Medici jeden Tag am Arm ihres Sohnes Heinrich III. in den Tuilerien spazierenzugehen. Da es zu jener Zeit Brauch war, Mahlzeiten und Feste im Freien zu veranstalten, ließ die Königin «sobald sie den Wunsch verspürte, im Grünen zu essen oder sich dort aufzuhalten, all die Möbel und Gegenstände ins Freie schaffen, die sie brauchte. Anschließend mußten ihre Untergebenen alles wieder ins Schloß zurücktragen.» Die großen, mit einer Mauer eingefaßten Parks, «die Weinberge, bestellte Äcker, Wäldchen ... und lange Spazierwege einschlossen», schrieb der englische Reisende Evelyn im Jahre 1644, «waren wie geschaffen für Vergnügungen aller Art, und man sah allenthalben Leute, die sich beim Picknick amüsierten.» Tallement des Réaux erzählt davon, daß sich an einem sonnigen Palmsonntag Madame le Page, ihr Geliebter Monsieur de Candalle, die Gräfin von Fiesque, der Marquis de Vieuville, Mademoiselle d'Outrelaise und der Marquis d'Alluye in bester Stimmung in die Tuilerien begaben, um dort «eines Morgens gemeinsam Schinken zu verzehren». Die Tuilerien waren seinerzeit *der* galante Treffpunkt von Paris. Die Frauen gingen zu jeder Tages- und Nachtzeit dorthin, vorzugsweise alleine, denn mit dem Bruder oder gar dem Ehemann dort aufzutauchen, war Zeichen absoluter Kleinbürgerlichkeit!

Mit dem Anbrechen der ersten schönen Tage erblühten in den Tuilerien auch die Maiglöckchen (wobei der geneigte Leser wissen muß, daß unter Maiglöckchen «ein junger Galan zu verstehen war, der den Damen seine Liebesdienste anbot und der dementsprechend ausstaffiert war, mußte er doch ihren Gefallen erregen»). Als Zeichen ihrer «Leidenschaft» ließen sie für ihre Schönen am meistbesuchten Platz des Parks, der «Echo» genannt wurde, Konzerte geben, konnten sie auf diese Weise doch möglichst vielen Leuten ihre Liebschaften präsentieren.

Manchmal stellte sich allerdings heraus,

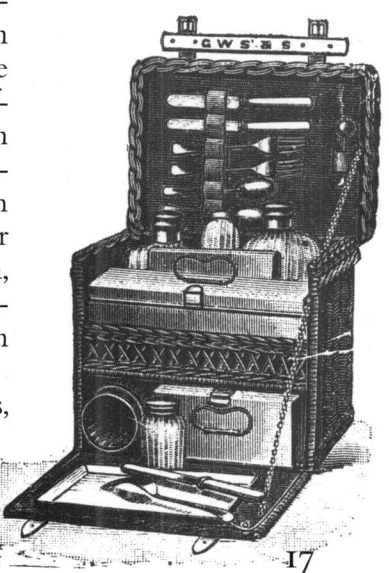

daß die schöne Dame mit ein paar «Gei-
gen in den Tuilerien» nicht zu erobern
war. Also mußte der Galan die Dienste
eines Gärtners in Anspruch nehmen, der
sich flugs in einen Trâiteur verwandelte,
so daß man der Angebeteten «ein
Geschenk» offerieren konnte. Solcher-
maßen wurde zu jener Zeit «eine Mahlzeit» bezeichnet, «die man nicht zu
Hause, vielmehr mal hier, mal dort, vorzugsweise auf dem Lande veranstaltete».
Mitte des 17. Jahrhunderts lebten außer
den Gärtnern und ihren Familien eine
Reihe von angesehenen Persönlichkeiten im Schloßpark. So der Maler Nicolas
Poussin, Mademoiselle de Guise und ein
gewisser Renard, der viel von sich reden
machte und zum Mittelpunkt des politi-
schen und gesellschaftlichen Lebens in
den Tuilerien wurde. Ehemals Lakai des
Bischofs von Beauvais machte er Karriere: Er wurde «Rat des Königs, Geleit-
kommissar der Kavalleristenkompanie
und der Garde Seiner Majestät». Als solcher kam er in den Besitz eines Grund-
stücks, «auf dem er ein Haus bauen ließ»,
berichtet Guy Joly. «Er ließ es so schön
ausstatten, daß es Treffpunkt der Leute
von höchstem Stande wurde.»

einen Imbiß einnehmen und die Königin dazu bitten; es war nicht schwer,
einen der Königin genehmen Zeitpunkt
zu finden, erschien sie im Sommer doch
fast jeden Tag bei Renard.»
Während der Fronde kam es nicht selten
während der Mahlzeiten bei Renard zu
drollig-gewalttätigen Szenen. Die Tuilerien wurden Schauplatz der Rivalitäts-
kämpfe zwischen den Anhängern von
Kardinal Mazarin und den Anhängern
der Fronde mit dem Herzog von Beaufort an der Spitze. Jede der beiden Parteien versuchte Eindruck zu machen,
Gelände zu gewinnen und dem Feind
Demütigungen zuzufügen, wo immer es
ging. Renards Haus wurde zum Hauptan-
ziehungspunkt, denn die «Mazarin-
Anhänger», schrieb Madame de Motte-
ville in ihren *Memoiren,* «gaben vor, Soupers auf der Gartenterrasse zu veranstalten …, Geiger aufspielen zu lassen und
öffentlich auf das Wohl Seiner Eminenz
zu trinken, vor all den Leuten, die sich
dort einfinden würden, um der Musik zu
lauschen.» Die Spannung zwischen den
beiden verfeindeten Parteien stieg und
entlud sich schließlich. Eine öffentliche
Spöttelei des Marquis de Jarzé, im Gegen-

Lieblingsort der Aristokratie war Renards wunderhübsch angelegter Garten,
der einen Gemüsegarten und Obst-
bäume einschloß, die voll von Früchten
waren. «Hier», so berichtet ein Zeitgenosse, «wurde hin und wieder ein Imbiß
oder ein Souper gegeben.»
Keine Geringere als Königin Anna von
Österreich kam mit ihren Gesellschafts-
damen regelmäßig zu Renard. «Eines
Tages», so schreibt Mademoiselle de
Montpensier in ihren *Memoiren,* «wollten
Madame de Chevreuse, Beaumont und
ich zusammen mit einigen anderen dort

satz zum Herzog von Beaufort getreuer
Anhänger Mazarins, verwandelte Renards idyllische Insel in eine «Bastion der
Tuilerien», seine kunstvoll angelegten
Blumenbeete in ein Schlachtfeld und das
Mahl der Feinschmecker in ein Duell
mit scharfen Klingen. Am 18. Juni 1649
stürmten Beaufort und seine Gefährten
in den Saal, als die Anhänger Mazarins
gerade dabei waren, ihr Abendmahl einzunehmen. «Der arme Vineuil bekam
den vollen Suppentopf aufgesetzt», und
das heftig weggezerrte Tischtuch riß
alles mit sich zu Boden:

Suppen, Pilze und Salate
Alles nur von feinster Arte,
Hähnchen, Gänschen, Täubchen
Und so manches süße Träubchen,
Ganz zu schweigen von Ragouts […]
spottete die «mazarinade» – so hießen
die frechen Lieder, die auf Kosten von
Mazarin und seinen Anhängern gesungen wurden – mit dem Titel «La nappe
renversée chez Renard (Das heruntergerissene Tischtuch bei Renard).

Später wandelte Renards Sohn das Haus
in ein Restaurant um, es wurde ein Ort
vielfältiger Vergnügungen, ein Ort für
raffinierte Feste und galante Abenteuer.
Lauzun verabredete sich hier mit leichtlebigen Mädchen, der Bruder von
Madame Maintenon, der «in den Tuilerien hinter den kleinen Mädchen her
war», brachte sie hierher zum Essen, und
Ludwig XIV. traf sich hier heimlich mit
seiner Jugendliebe Marie Mancini. Die
Sitten im Schloßpark der Tuilerien scheinen in der Tat reichlich locker gewesen
zu sein. Zutritt hatten alle, die standesgemäß angezogen waren, ausgenommen
waren Lakaien und Livrierte. Paraden
und Pavanen, Handküsse, Blicke und
Neckereien waren Einladung zu einem

Imbiß, dieser wiederum Ouvertüre zu
Liebesspielen.
Locatelli, ein Geistlicher aus Bologna,
der zwischen 1664 und 1665 in Frankreich weilte, erzählt anschaulich von den
Versuchungen, denen er hier ausgesetzt
war. So schlugen ihm drei wunderschöne Damen, die am Ufer eines Sees
im Gras saßen, ein gemeinsames Kartenspiel vor. Kaum war er glücklich dieser
Versuchung entronnen, traf der Geistliche etwas weiter in der Nische einer
Hecke auf reizende Gottesgeschöpfe, die
in Begleitung ihrer Liebhaber oder

*Nebenstehendes Bild.
Aus der Stadt heraus,
«fuori porta»: Italienische Adelige und Bürgerliche – hier zu Beginn
des 17. Jahrhunderts –
verlassen zu Fuß oder
zu Pferd die Stadt, um
auf dem Land rundum
Festessen zu veranstalten.* Ländliches Festmahl, *Giovanni Donducci, genannt Il Mastellata (1575–1655).*

*Bild unten: Hortus
voluptatum. In diesen
«Lustgärten» sind alle
Sinne aufs höchste gesteigert, um einer neuen
Lebensqualität teilhaftig
zu werden. Die
Wonnen der Musik
mischen sich mit denen
der Konversation. Ein
rauschendes Fest der
Sinne und des Bauches.
Kupferstich von Crispin
de Passe (1550–1643).*

Gatten aßen und tranken und auf das Wohl des Königs anstießen. Eine von ihnen sprach den Geistlichen an und streckte ihm ihr Glas hin: «Wenn Ihr kein Spanier seid, trinkt mit uns, andernfalls müssen wir Euch für einen Feind Ihrer Majestät halten.» «Es hätte nicht viel gefehlt», gesteht der Geistliche, «und ich wäre in diese Falle gegangen; wenngleich sie mich auch nur zum erfrischenden Trunk einlud, drohten ihre schönen Augen mein Herz zu entflammen. Was blieb mir anderes übrig, als der Gefahr zu entfliehen.»

Im Gegensatz zu den Tuilerien, wo es ziemlich mondän zuging, gaben sich die Menschen ab Mitte des 17. Jahrhunderts im Park des Palais Luxembourg viel ungezwungener. Der Engländer Evelyn war voller Bewunderung beim Anblick der herrlichen Ulmen- und Lindenalleen, der wunderschönen Buchenallee, die zum Springbrunnen führte, des künstlich angelegten Wasserbeckens mit den Schildkröten, des Marmorbeckens, aus dem eine dreißig Fuß hohe Fontäne in die Höhe schoß, der Blumenschalen, der Statuen und Grotten ... «Kurzum», schreibt er, «Schönheit und Pracht von Palast- und Gartenanlagen sind unvergleichlich. Aber nicht nur das, welch ein Vergnügen, die vielen Personen von hohem Stand hier zu sehen, die Bürgerlichen und Ausländer, die häufig hierher kommen und überall freien Zugang haben. So kann man an etwas abgelegenen Plätzen oder Alleen schöne Damen mit ihren nicht minder schönen Galans sehen, anderenorts melancholisch dreinschauende Mönche, wieder woanders Gelehrte, die nichts anderes im Kopf haben als ihre Wissenschaft; ein bißchen weiter erblickt man gut gelaunte Bürgersleute, manche auf dem Rasen sitzend, andere im Gras ausgestreckt, wiederum andere laufend oder springend; die einen Ball oder Boule spielend, die anderen singend und tanzend ...» «Und», hebt Félix Joncières hervor, «im Gegensatz zu den Tuilerien, wo es auf Aufzug und Aussehen ankommt, gibt man sich im Luxembourg ganz zwanglos.» Der Student richtete sich hier sein Imperium ein, die «Grisette» war «seine Vasallin». Es braucht nicht viel Phantasie, um sich vorzustel-

len, daß das junge Mädchen eine selbstgemachte Pastete dabei hatte und eine Flasche Wein, die sie vielleicht der Hausherrin gemopst hatte – all das, um mit demjenigen süße Augenblicke des Glücks zu verbringen, an dessen Lippen sie mit Inbrunst hing, wohl wissend, daß seine Börse stets leer war.

Ganz im Stil der italienischen, dann französischen Mode machten die Könige von England, James I. und Charles I., ihre Schloßparks der Allgemeinheit zugänglich und teilten mit ihren Untertanen das Vergnügen, im Freien zu tafeln. So saß

Cromwell, ganz Demokrat, in einer Ecke des Hyde Parks, um zusammen mit seinen Räten zu Abend zu speisen. Kaum ein paar Schritte weiter hatte sich «ein Schwarm von Kokotten niedergelassen, singend, lachend, sich gegenseitig kitzelnd, nicht ohne dabei Käseküchlein, Mandelgebäck und andere Leckereien in sich hineinzustopfen.» Die erwachende Begeisterung für all die Vergnügungen im Freien ließen neue «Lustgärten» entstehen. Mulberry Gardens und Spring Gardens – allein deren Namen erwecken in uns Erinnerungen an die Süße des Frühlings, die Frische einer Quelle, die Intensität von Gefühlen – wurden zum absoluten Modetreffpunkt der Londoner Gesellschaft, die sich hier «den ganzen Tag mit reichlich Alkohol unter den Bäumen vergnügte».

Nach seiner Rückkehr von einer langen

Reise kreuz und quer durch Europa traf
der Engländer Evelyn in seiner Heimat
auf Pariser Sitten und stellte fest, daß in
diesen paradiesischen Gärten die Mahlzeiten unverzichtbarer Bestandteil der
Ausflüge geworden waren: Man er-
frischte sich «in einer Schenke inmitten
dieses Paradieses, in dem die verbotenen
Früchte leichte Kuchen, Zunge ohne

Soße, Salzfleisch und ein hinterhältiger
Rheinwein waren».
Manchmal entflohen die Londoner im
17. Jahrhundert genauso wie Samuel
Pepys, dessen Tagebuch von amourösen
Abenteuern überquillt, bereits im ersten
Morgengrauen der Stadt, nicht ohne ihre
Karossen mit «Weinflaschen, Bier und
kaltem Hühnchen» beladen zu haben,

um entweder auf der Straße nach Epsom ein Picknick zu veranstalten und sich im Dickicht zu zerstreuen oder aber, um sich in Neat House bei Chelsea «in einem Baumhaus einzunisten, um den Tag mit Singen, Reden und Essen zu verbringen». Weiß Gott, die Engländer sind wirklich Naturfreaks! In solch ein Picknick-Abenteuer haben sich die Franzosen erst zwei Jahrhunderte später eingelassen – in Robinson.

Zur selben Zeit bot sich Paris als Riesen-Imbiß dar. Überall und zu jeder Zeit konnte man picknicken: in rustikalen kleinen Restaurants, auf der Straße, wo fliegende Händler, die «Cris de Paris» den Passanten lauthals ihre Ware anboten – Orangen, Austern, Heringe, Kuchen und vieles mehr. Oder aber man improvisierte einen Überraschungsimbiß: Der Grillkoch lieferte das Fleisch, der Konditor die Pasteten, Vorspeisen und Desserts, der Koch Ragouts, Aspik und Soßen. Sollte man dennoch einmal in Verlegenheit kommen, konnte man sich den Imbiß natürlich auch in den Wagen liefern lassen wie Harlekin in der *Foire Saint-Germain* (Kirmes in Saint-Germain) von Regnard: «Gebt mir meine Küche! – Ein Lakai half ihm, eine kleine Blechküche zu nehmen, die wie ein Fliegenschrank konstruiert war. Harlekin zog Teller, Salat, ein Hähnchen, Öl- und Essigfläschchen, Gabeln, Messer, Servietten und noch ein paar andere Dinge daraus hervor, die man brauchte, um einen Tisch zu decken, wie es sich gehört. All das stellte er vorne aufs Buffet und begann zu essen.»

Schließlich picknickte man allenthalben, bis hin zur Seine. Dies war die Zeit, da man die Badeanstalten frequentierte, sei es aus Gesundheitsgründen, sei es zum Vergnügen. An einer der Badeanstalten war ein Schild angebracht, auf dem – nach Restif de la Bretonne – geschrieben stand: «bain des dames publiques et particulières», was soviel heißt wie: für Kokotten und Callgirls. Der zukünftige General Baron Thiébault, der gerne ein Etablissement aufsuchte, das an der Spitze der Île Saint-Louis gelegen war, schreibt, daß sie anschließend an die Schwimmkurse «charmante Mahlzeiten veranstalteten, die aus Pastetchen, Kuchen und Likör in kleinen Gläsern bestanden; dies wurde auf dem Boden eines Fasses plaziert, das man ins Wasser ließ. Die Badegäste schwammen um das Faß herum und versuchten soviel wie möglich von den Köstlichkeiten zu erhaschen.»

Derartige gastronomische «Wasserspiele» wurden in all den Thermalbädern veranstaltet, die nicht nur der

Im Italien der Renaissance kam der Garten groß in Mode. Die italienischen Adelspaläste waren von einer domestizierten Natur umgeben. Schnurgerade Alleen, streng beschnittene Buchsbaumhecken in Gestalt von Tieren oder aber in geometrische Formen zurechtgestutzt, die Düfte kunstvoll arrangierter Blumen, der zarte Geruch von Obstbäumen und Gewürzkräutern, Grotten, Springbrunnen, Statuen – alles hatte nur einen Zweck: den Betrachter zu erfreuen und zu entzücken. Mit dem Bau der Tuilerien führte Katharina von Medici diese neue Lebensart und -kunst in Frankreich ein, der der Gartenarchitekt Pierre Le Nôtre und die Brüder Palissy, berühmte Keramiker ihrer Zeit, mit ihrem Wissen, ihrer Kunst und ihrer Kreativität neue und ganz eigene Akzente verliehen. Fest im Garten des Herzogs von Mantua, Sebastian Vranck (zw. 1573 u. 1578–1647).

Badekur wegen aufgesucht wurden, sondern auch, um sich dem Dolcefarniente, der unbekümmert-sorglosen und vor allem galanten Geselligkeit hinzugeben. Im 15. Jahrhundert, nach einer langen, von Epidemien erzwungenen Periode des Rückzugs in den privaten Bereich, schreibt der Arzt Savonarola, «eröffnete man in Padua, nachdem es nicht mehr möglich war, Damen an öffentliche Plätze der Stadt auszuführen, eine Reihe von Schwitzbädern. Ich selbst habe gesehen, daß sich an ganz bestimmten Tagen Patrizierinnen, Familienmütter und junge Mädchen geschlossen dorthin begaben, um ebendort mit ihren Kavalieren zu soupieren …» Seinerzeit nahm kein Mensch Anstoß an den neckischen Wasserspielen in fast nacktem Zustand – gemeinsam sprachen die Badegäste vor und nach jeder Mahlzeit im Schwimmbecken das Tischgebet!

Schon zu jener Zeit versuchten die Pariser dem Verkehrsgewühl und dem Gestank ihrer Stadt zu entkommen, indem sie sich in die umliegenden Dörfer, vor allem aber in den Bois de Boulogne oder den Bois de Vincennes flüchteten, wo sie hinter den Parkmauern schattige Plätze in Hülle und Fülle fanden. Auch hier gab es Unterschiede, der soziale Status entschied darüber, wer in welchem Schloßpark anzutreffen war. Der Bois de Boulogne war seit jeher Spielwiese des Adels und des Bürgertums, Vincennes dagegen Treffpunkt der kleinen Leute. Der Bois de Boulogne bot den passenden Rahmen für Jagdpartien, Parforcejagden oder galante Jagdausflüge – je nachdem. Edle Damen lockerten mit ihren frivolen Reizen die deftigen Mahlzeiten der Jägersleute auf, die in der Regel in irgendeiner Waldlichtung stattfanden. «Gewisse Frauen», bemerkt Dufresny leicht boshaft, «die sich gern ein bißchen zurückzogen, begaben sich im Bois de Boulogne absichtlich auf abgelegene Wege, wo sie sich gegenseitig als Führerinnen halfen, nicht um den rechten Weg zu finden, vielmehr, um sich zu verirren.» Sie ließen sich zu einem «Geschenk» einladen und trieben es dann mit ihrem Geliebten – seinerzeit

wurde dies mit «eine Hochzeit im Bois de Boulogne» umschrieben.

Wie bereits Gargantua und sein Lehrer Pornocrates, die in den Parks von Gentilly, Boulogne, Saint-Cloud oder Charenton «den ganzen Tag damit zubrachten, sich die Bäuche vollzuschlagen …, zu tanzen, zu trinken, zu spielen, zu singen und sich im Gras herumzurollen», gingen die Freunde der Pléiade nach Arcueil und Gentilly und folgten dem Rat von Ronsard:
Geh nach Arcueil
Schlag den Tisch möglichst nah
An dem Brunnen auf
Und stell da hinein die vollen Flaschen …
Unter dem Ancien Régime «flohen die kleinen Leute die Stadt und bevölkerten die umliegenden Marktflecken», stellte 1701 ein Zeitgenosse fest. Alle machten sie sich fein, und die Kaufmannsfrau «führte den Satin mit den leuchtend roten Samtblumen mit sich», den sie an die Bürgersfrauen zu verkaufen pflegte. Schwer bepackt mit Eß- und Trinkvorräten ließen sich die einen im Park von Vincennes nieder, andere drangen bis zum Bois de Beauté an der Marne vor, wieder andere amüsierten sich in der «Pissotte», einem bekannten Wirtshaus in Vincennes, oder aber in irgendeiner anderen der annähernd 8000 Kneipen und Schenken, die es zur Zeit Ludwigs XIV. in Paris und seinen Vororten gab. Jede dieser Kneipen hatte ihre Spezialität: grüne Erbsen und Erdbeeren im «Vaugirard», Flußkrebse und Fischragout im «Javel», Wein und Bier in den «Gobelins». Und da das Leben jenseits der Zollschranken billiger war, konnte man ordentlich schlemmen, ohne seinen letzten Sou zu lassen.

Ab Ende des 17. Jahrhunderts setzte eine allgemeine «Stadtflucht» ein, die Luft war unerträglich schlecht. Ludwig XIV. wies die Richtung. Er nahm Versailles in Besitz und ließ dort ab 1660 einen gewaltigen Schloßkomplex errichten. Um den Hof von dem ständigen Baulärm und Staub abzulenken, gab er «galante Feste». Galant – dieses kleine Wort war zu jener Zeit in aller Munde. Wahrscheinlich stammt es vom altfranzösischen «galer» – sich vergnügen, amüsieren ab (galois = Lebemann, Galant) und

Nach dem Leben in den Gärten wurden die Franzosen von der rousseauistischen Liebe zur Natur ergriffen.
Herbst, *Nicolas Lancret (1690–1743).*

Im 17. und 18. Jahrhundert boten Geburten und Hochzeiten im Königshaus eine willkommene Gelegenheit für prächtige Festlichkeiten, die die Stadt Paris sowohl für die königliche Familie und den Hof als auch für ihre Bürger gab. Bei der Hochzeit des Thronfolgers mit der Prinzessin von Sachsen fuhren fünf blumengeschmückte Wagen durch die Stadt, von denen Orangen, Kekse, Brot und Wurst in die Menge geworfen wurden. Eine Woche lang wurde gefeiert: Festbeleuchtung, Bälle, Feuerwerke … eine Attraktion löste die andere ab.

hat im weiteren Sinne etwas mit «régal» (Leckerbissen) zu tun. Soweit unser Vorschlag. Allerdings war es letztendlich der König, der mit seinen Sitten und Lebensgewohnheiten die verschiedenen Interpretationen des Wörtchens «galant» bestimmte. Denn diese galanten Feste, die unter dem Vorwand gegeben wurden, Beginn oder Ende von Bauarbeiten in Versailles zu feiern, ebenso Siege oder Friedensabschlüsse, wurden in Wirklichkeit vielmehr deshalb veranstaltet, weil es chic war und weil sie eine günstige Gelegenheit boten, die Mätressen des Sonnenkönigs, Mademoiselle de La Vallière oder Madame de Montespan, der Öffentlichkeit vorzuführen. Die prunkvollsten dieser Feste fanden im Mai 1664, im Juli 1668 und im Juli/August 1674 des Nachts im Schloßpark statt, denn die Sonne des Königs erstrahlte selbst dann, wenn dieses Gestirn untergegangen war. Alles war bei den Festen des Sonnenkönigs geboten: Karussells, Lustspiele, Ballettaufführungen, Gondelfahrten, dazwischen Imbisse, Soupers und «médianoche» (mitternächtliche Mahlzeiten, ursprünglich an einem Fastentag nach Mitternacht eingenommen) und natürlich Feuerwerke. Solcherart Belustigungen zogen sich in der Regel über mehrere Tage hin. Ihre Wirkung beruhte auf dem Prinzip der Verwandlung: Boskette wurden Säle, Brunnenbecken Theaterbühnen, Außenräume wurden zu Innenräumen umfunktioniert, prachtvoll geschmückt und aufs festlichste beleuchtet. Von einer Attraktion zur nächsten wandernd, gerieten die Festbesucher von einem Entzücken ins andere. Wie mit einem Zauberschlag verwandelte sich das Becken des Apollo-Brunnens in eine Bühne, auf der der schwimmende Palast einer Zauberin thronte; ein achteckiger Raum im Grünen wurde zum Eßsaal, reich geschmückt mit Blumengirlanden, Skulpturen und Blumenschalen, Fackeln und Kronleuchter spendeten ein sanftes Licht und verliehen Silber, Porzellan und Kristall in den Geschirrborden einen besonderen Glanz … Alles geriet zum Schauspiel, selbst das Anrichten der Speisen auf riesigen Tafeln und vor allem das Bedienungszeremoniell, das

dem Hofadel oblag. «Am 19. dieses Monats», berichtete die *Gazette* vom 21. Juli 1668, «begaben sich die Majestäten und Seine Durchlaucht der Thronfolger mit seiner Gemahlin zusammen mit dem gesamten Hofadel nach Versailles, wo sie sich bei einem höchst angenehmen und prunkvollen Fest vergnügten,

das von langer Hand vorbereitet worden war. Gegen sieben Uhr abends begann das Fest, nachdem vorher in einer der Alleen des Schloßparks ein köstlicher Imbiß gerichtet worden war, mit einem Spektakel, aufgeführt von einer der besten Theatergruppen jener Zeit, der Truppe des Königs, auf einer prachtvollen Bühne, die in einem geräumigen Saal im Grünen errichtet worden war ... Ein zweiter Imbiß, bestehend aus pyramidenförmig angeordneten Früchten und Konfitüren, wurde beiderseits der Bühne serviert, den Majestäten wurden die Leckereien von den ‹seigneurs› gereicht. Das Ganze wurde von Wasserspielen

Zu Ehren des Erbprinzen von Braunschweig-Lüneburg veranstaltete der Prinz von Conti im Jahre 1776 dieses Fest auf der Isle-Adam, M. B. Ollivier (1712–1784).

27

umrahmt und von den nahezu 3000
anwesenden Personen als ausgesprochen
galant empfunden … Anschließend begaben sich die Majestäten in einen großen
Salon, ebenfalls im Grünen, der in überra-
schender Weise eingerichtet war: Außer
drei großen Buffets und reichem Saal-
schmuck war mitten im Raum ein
Felsen zu sehen, der den Parnaß mit
Apollo und den Musen darstellte, alles in
Silber. Die Majestäten ließen sich hier
zum Souper nieder, entzückt von diesem
bewundernswerten Parnaß, der überdies
in schimmerndes Licht getaucht war,
während eine Unzahl von Kaskaden ein
höchst angenehmes Murmeln und Plät-
schern ertönen ließen.»

Es war die Hautevolée, die von der vor-
rousseauistischen Liebe zum Land ergriffen wurde. Und da dieses Zeitalter von
der Nachahmung geprägt war, imitier-
ten die Aristokraten den König, die
Generalsteuerpächter die Aristokraten,
die Kleinbürger die Großbürger – fast
die gesamte Bevölkerung wurde von
dieser Nachahmungssucht erfaßt. Die
«seigneurs» wie der Herzog von Riche-

lieu, der Fürst von Soubise und einige andere ließen sich, nachdem sie zuvor in den Vorstädten von Paris teure Mietshäuser bewohnt hatten, prunkvolle Villen im neo-palladianistischen Stil erbauen. Inmitten der ausgedehnten Grundstücke richteten sie sich reichlich bizarre Gärten ein, ein Mischmasch aus französischem, englischem, italienischem und chinesischem Stil. Herzstück dieser Gärten wurden die «folies» genannten Lustschlößchen, die den idealen Rahmen für raffinierte Soupers boten. Der steinreiche Fürst von Soubise, der sich in Saint-Ouen niedergelassen hatte, bat einen erlesenen Kreis von Personen zu sich: Ludwig XV., die Marquise de Pompadour, die Marquise d'Estrade und die Gräfin von Clermont.

Nach der Revolution wurden die inzwischen verkauften Lustschlößchen in Tivolis umgewandelt. In diesen Vergnügungsparks, in denen Eintritt verlangt wurde, entdeckten stutzerhafte junge Adelige und aufgedonnerte Damen den Zauber der Pyrotechnik, die Pantomimentheater und die Berg-und-Tal-Bahnen. Kleider aus hauchzartem Musselin wirbelten im Karussell um die Holzpferdchen und schienen auf den Tanzflächen davonzufliegen, wo man sich am Walzer berauschte. Nach einem feuchtfröhlichen Gabelfrühstück ließen sich die Pärchen im Schatten einer Hecke nieder und genossen es, einen Ort «in Besitz» zu nehmen, der vor noch nicht allzu langer Zeit in den Händen von Aristokraten gewesen war. Paris bleibt Paris. Französische Moden hatten im 18. Jahrhundert einen starken Einfluß auf Italien. Auch hier versuchte jeder «die durch Geburt und Rang gesetzten

Mit der Gründung der Ostindischen Kompanie im 18. Jahrhundert wurde alles Orientalische modern. Bei der Dekoration ihrer «folies» ließen sich die Adeligen vom Exotischen inspirieren. In ihren Gärten im chinesischen, englischen, französischen oder italienischen Stil wurden unter Zelten und Pagoden galante Soupers gegeben, die im kleinen Kreis von Auserwählten stattfanden. Wandteppich von Jean-Baptiste Le Prince (1734–1781).

*«Egal wie hoch die Ausgaben waren – jeder wollte auf großem Fuß leben. Man lud Leute zu Tisch. Und man machte es sich bequem, man genoß (Les Villégiatures – Die Sommerfrischler von Ergasto Acrivio).
Im Italien des 18. Jahrhunderts war die ländliche Umgebung der Städte keineswegs nur mehr Domäne der Adeligen. Handwerker und Kaufleute ahmten die Aristokraten nach und schlugen sich in ihren Villen die Bäuche voll.*
Adelige beim Mahl am Lago di Posillipo (bei Neapel) im 18. Jahrhundert (Auszug), Pietro Fabri.

Schranken zu überspringen», um so der neuen Lebensqualität teilhaftig zu werden. «Jede Stadt rühmte sich ein Ort fröhlicher Frauen und unterhaltsamer Männer zu sein.» (Piero Camporesi, *Le Gout du chocolat* – Der Geschmack von Schokolade). Und an Feiertagen gönnte man sich allenthalben das Vergnügen, sich in seinem Landhaus den Freuden des Landlebens hinzugeben.
…

Zum Essen suchte man sich
Die feinsten Speisen aus.
Wachteln, Wild- und Turteltauben,
Schmackhafte Feigen,
Mortadella und andere Würste,
Gebratene Fischlein, Pot-au-feu
und Brot.
Bisweilen gesellte sich dazu
Ein guter Ragout mit Gnocchi
Und Tortellini, und wenn es
Der Gastgeberin gefiel,
Ließ sie ausländische Weine

Vieler Sorten servieren
Gar solche von der Venusinsel.
Auf der reich gedeckten Tafel des Hand-
werkers
Wurde so manche Speise angerichtet;
Und Madame plusterte sich auf,
Erwies ihre Gunst den Geladenen,
Entschuldigte sich und sagte:
Sie haben mich völlig unvorbereitet ange-
troffen …

schreibt Ergasto Acrivio in *Les Villégiatures.* Die weniger privilegierten Städter,
die keine Ferienwohnung ihr eigen nannten, verzichteten keineswegs auf ländliche Vergnügungen. Gemäß alter römi-
scher Sitte – selbst heute noch im Ange-
sicht der enormen Ausdehnung der Vorstädte – strömen die Römer sonntags
unmittelbar nach der Messe aus der
Stadt, um sich auf einem der sieben
Hügel Roms zum Picknick niederzulassen. «Fuori porta» wurde die sonntägliche Völkerwanderung in die Umgebung
Roms genannt, die in einer Reihe von
Geschichten und Liedern wie in denen
von Gaber ihren Niederschlag fand. Die
Mahlzeiten waren üppig, dies war der
Luxus, den die Armen sich gönnten. Die

*Vielleicht hatte die Köni-
gin Marie-Antoinette
auf ihrer Flucht nach
Varennes dieses entzük-
kende Reisenecessaire
dabei, das von Charpe-
nat-Joubert und Palma
stammt? Reisenecessaire
der Königin
Marie-Antoinette,
Paris, 1788–1789.*

italienische Mamma hatte mit viel Liebe die Lasagne bereitet, einen Salat aus Tomaten, Paprika und Artischocken, Tintenfische, harte Eier und im Ofen gebackene Küchlein, die «ciambellone». Die Männer hatten sich in der Woche vor dem Sonntagsausflug bei ihrem Weinhändler, dessen Adresse Geheimsache war, mit dem besten Wein versorgt. Alles wurde liebevoll eingepackt, die Speisen wurden zwischen zwei Teller getan und mit einem Geschirrtuch fest umwickelt, alles wurde sorgfältig in den Körben verstaut, die die zahlreichen Bambini unterwegs abwechselnd trugen. Die Familie, die Verlobten, mehrere befreundete Familien, alleinstehende Nachbarn, eine fröhlich vereinte Gruppe von Menschen, alle ließen sie

Frauen machten Flickarbeiten, die Kinder spielten, lachten, rannten … Lebensfreude bis zum Einbruch der Nacht, ein Stückchen Freiheit, bevor eine neue harte Arbeitswoche begann.
Jede Epoche hat ihre Moden und ihre Lieblingswörter, meist werden sie von der Jeunesse dorée oder der jeweiligen intellektuellen Elite aufgebracht. Anfang des 19. Jahrhunderts gehörte es in England zum guten Ton, in Oxford zu studieren. War dies doch der geeignete Ort, um sich sowohl beim Rudersport stahlharte Muskeln anzutrainieren als sich auch gute und dauerhafte Beziehungen zu schaffen. Oxford war Bildungsstätte für sogenannte gute Partien, die jungen Mädchen aus guter Familie kamen hierher, um sich einen Mann aus mindestens

«Es gefiel mir, die eleganten Frauen und die Leute zu beobachten, die mit Flaschen, Körben, Stühlen und einer Bank gekommen waren, um am Flußufer unter Bäumen zu soupieren», notierte Samuel Pepys 1667 in seinem Tagebuch. Die Londoner liebten es, ihre Sonntage auf diese angenehme Weise zu verbringen. Mit dem Boot fuhren sie die Themse hinunter und hielten irgendwo an, in Barn Alms zum Beispiel. The Angler's repast nach George Morland, 1790.

am Sonntag die altehrwürdigen Stadtmauern hinter sich, zu Fuß unterwegs oder mit Wagen, auf der Suche nach einem idyllisch gelegenen Plätzchen. Im Schatten von Zypressen, am Ufer eines Flüßleins wurde ausgepackt, Körbe wurden ausgetauscht und der neueste Klatsch. Man trank und sang, die Liebespärchen versuchten, den gestrengen Blikken der Eltern zu entkommen, die

ebenso guter Familie zu angeln. In jenem Frühjahr sollen es sich einige der jungen Gentlemen zur Gewohnheit gemacht haben, statt an den langen feierlich-steifen Tischen des Speisesaals im College zu essen, sich zur Mittagszeit ans Themseufer zu begeben, nicht ohne randvoll mit Eßsachen gefüllte Körbe mit sich zu führen. «Dies nannten sie ein Picknick», merkte Dorothy Words-

worth 1803 in ihrer Zeitung an. Picknick – hier war es, das neue Wort! Es wurde in den Salons wiederholt, es fand Eingang in Wortschatz und Sitten der Engländer und hatte einen kleinen revolutionären Beigeschmack. Ohne Zweifel war dieses Wort ein Import aus Frankreich, ein Land, das man als Engländer bis zum Frieden von Amiens unmöglich bereisen konnte …

Wenn die Apfelbäume ihr zartrosa Blütenkleid anlegten und die blauen Glokkenblumen und die Gelbe Teichrose erblühten, strömten die Menschen auf der Suche nach «guter Luft» in zunehmendem Maße an die Ufer von Marne oder Seine, zuerst junge Leute, dann immer mehr auch Familien. Am Flußufer drängten sich Waschhäuser, «schwimmende» Badeanstalten und Wasserfahrzeuge aller Größen. Zu der Menge der Flußschiffer, Treidler und Schauerleute gesellten sich diejenigen, die hier ihre Pferde wuschen, Fischer, Hundescherer, Wäscherinnen … Stelldichein der Halbwelt, deren zwielichtige Gestalten Eugène Sue in seinen Romanen verewigt hat. Obwohl dies nicht gerade ein empfehlenswerter Umgang war für bessere Leute, entdeckten die Pioniere des Rudersports jenseits der Barrieren den romantischen Charme der Vororte. Beim «schwimmenden» Ball in der *Grenouillère* von Chatou befragte man zusammen mit einer Grisette das Blumenorakel – er liebt mich, er liebt mich nicht, er liebt mich … –, mit Freunden ruderte man in Argenteuil um die Wette und ließ sich anschließend unter einer Weide zum Imbiß nieder, mit der Familie ging man nach Bercy oder Asnières zum Rudern … Die Pariser traten in das gesegnete Zeitalter der schönen

Sonntage ein. Die Einweihung der ersten Eisenbahnlinie Paris Saint-Lazare – Le Pecq im Jahre 1837 eröffnete ihnen ganz neue Horizonte.

«Wiesen und Bäume wurden von einer Fee extra für die Liebenden geschaffen», erklärte Victor Hugo. «Der hautnahe Kontakt mit der Natur ist gesund für Herz und Hirn», fügten die gelehrten Mediziner hinzu. Dichtung und Wissenschaft vereinten ihre Stimme zum Lobe der heilsamen Kräfte der Natur. Dadurch ermutigt, setzten die Pariser zum Sturm auf das Land an, immer auf der Suche nach neuen, noch nicht gekannten Empfindungen. «Bereits am frühen Morgen erstürmten barock gewandete Herren und junge, blühend aussehende Frauen in Barrège-, Musselin- oder Organdykleidern, an den Füßen Plateauschuhe, deren Bänder xförmig um die schlanken Fesseln in aufreizend durchbrochenen Strümpfen geschlungen waren, auf dem Kopf blumengeschmückte Hüte, Wagen und Droschken und die Pferdebahn», konnte man man in den *Annales politiques et littéraires* (Politische und literarische Annalen) nachlesen, die im Jahre 1904 mit nostalgischen Worten die ersten Sonntage der Bürger des Marais und der schönen Damen des Faubourg auf dem Land heraufbeschworen. «Welcher Statistiker hätte die Zahl der weggeworfenen Butterbrotpapiere und Sardinenbüchsen nennen können, die seit einem Jahrhundert bereits die schattigen Rastplätze von Vanves und Clamart verunzieren?» beklagte sich der Autor. Was das Pick-

Im Kreis der Familie, die alle Generationen umfaßt, genießt man das Vergnügen einer Landpartie (Une partie de campagne), Lithographie nach Deveria, gegen 1840.

Junge Damen beim Picknick, die Röcke Schmetterlingsflügeln gleich, weit entfaltet. «Ist das nicht köstlich?» meint die Bildunterschrift dazu. Die Mahlzeit oder die Szene? fragt sich der Betrachter. Crinolines (Krinolinen), *anonymer Stich, 1858.*

nick betrifft, stellte er fest, daß man davon ausgehen konnte, «daß die Überraschung beim Picknick unweigerlich darin bestand, daß jeder der Eingeladenen ein und dieselbe Speise mitbrachte –

Kalbspastete. So viele Eingeladene – so viele Kalbspasteten. Man war in der Tat überrascht, aber unangenehm … Wenn niemand gerne Kalbspastete aß, konnte man immer noch in die Kneipe von

‹Père Bauny› ausweichen. Während man bei ihm die ausgezeichneten gebackenen Fischlein verzehrte, konnte man den Bootsfahrern beim Rudern zusehen …» Ähnlich ironisch äußerte sich

Crafty, Chronist des Second Empire in seiner Schilderung der sonntäglichen Abenteuer in Robinson (1885), wo die Pärchen hoch oben in den Zweigen von jahrhundertealten Kastanien hockten und ihren Imbiß in Körben zu sich hochzogen: «Am frühen Morgen kam man in Robinson an. Um sich die Zeit bis zum Essen zu vertreiben, vergnügte man sich mit einem Ritt auf einem der Esel. Dies war die Hauptattraktion und besondere Spezialität von Robinson. Und nicht wenige wählten diesen Ort eben deshalb für ihr sonntägliches Picknick aus.»
Auf Robinson, das als «ländliche Zweigniederlassung des Quartier Latin» galt, folgte Chatou. All die Leute, die seit jenem berühmten Artikel im *Charivari* vom 25. April 1874 Impressionisten genannt wurden, zogen mit ihrer Staffelei hierher. In Chatou konnte man Pierre Auguste Renoir auf der Terrasse des Hauses Fournaise entdecken. Zusammen mit Alphonse Fournaise saß er dort beim abendlichen Absinth, Fournaise, der den Aufstieg vom Schiffszimmermann zum Besitzer eines gut besuchten Restaurants am Seineufer geschafft hatte. Am Kai konnte man das Schiff *Le Bel Ami* erspähen mit Guy de Maupassant an Bord. Und diese Gestalt dort … Nicht ausgeschlossen, daß dies Iwan Sergejewitsch Turgenjew war, der sich vor kurzem nicht weit von hier in Bougival niedergelassen hatte. Die Ruderer waren schön gebräunt, die Bootsfahrerinnen waren ganz einfach nur schön. Die einen schubsten die Schaukel, die anderen trällerten ein Liedchen. Der Wein floß in Strömen und färbte die Bäckchen der Holden rot. «La campagne c'est comme le champagne quand on n'a pas l'habitude» (Das Land ist wie der Champagner, wenn man es nicht gewohnt ist …), seufzte eine von Maupassants Heldinnen …
Aber folgen wir jetzt Monsieur Patissot – Musterbeispiel von einem Angestellten, seit 1. Januar 1880 leitender kaufmännischer Angestellter – auf seinen sonntäglichen Irrfahrten. Patissot träumt vom Zwitschern der Vögel im Frühling und hat sich in Erwartung der kommenden schönen Sonntage eigens eine Ausrüstung zugelegt: «eine strapazierfähige

Bild links: The Pic-Nic, *Valentine Cameron Prinsep (1838–1904).*

Cordhose von der Art, wie sie die Zimmerleute tragen, einen Tornister für die Vorräte und wasserdichte, bis zu den Knien hochreichende Gamaschen». Nachdem er seinen Tornister mit Fleisch, Käse und etlichen Flaschen Wein vollgepackt hatte, machte er sich auf den Weg zur Seine. Mit einer «hirondelle», einem der kleinen Flußdampfschiffe, setzte er über, um zu den fernen Gestaden der Vororte von Paris zu gelangen. Übergehen wir die auf Reisen üblichen Zwischenfälle wie zum Beispiel dies, daß Patissot der Länge nach auf den Boden fiel, weil er sich mit seinen nigelnagelneuen, extra für die Landpartie gekauften Schuhen, irgendwo verheddderte. Gegen Mittag finden wir unseren

Helden völlig ermattet vor, im Schatten des Waldes ruht er sich aus. Gerührt bemerkte er eine Vielzahl von kleinen Blumen, gelbe, rote, blaue, violette, zarte, reizende Blumen, die – wie an einer Schnur aufgereiht – entlang der Straßengräben blühten. Dann verspürte er Lust zu essen, wie wäre es mit dem Mittagsmahl? Als er seinen Tornister öffnete – äußerste Bestürzung. Eine Flasche war zerbrochen, sicher bei dem Sturz. In dem wasserdichten Tornister hatten sich Wein und Eßvorräte zu einer Art Weinsuppe zusammengefunden. Dennoch aß er etwas, eine sorgfältig abgetrocknete Scheibe von der Hammelkeule, ein Stück Schinken, aufgeweichte, weinrote Brotscheiben, ehemals Weißbrotscheiben. Dazu trank er einen inzwischen gegorenen, mit einem rosa Schaum bedeckten, alles andere als appetitlich aussehenden Bordeaux …»

Heiter-genüßlich beschreibt Maupassant in *Les Dimanches d'un bourgeois de Paris* (Die Sonntage eines Bürgers von Paris) die Enttäuschungen und Mißerfolge des unglücklichen Patissot. Er kannte sie nur zu gut, diese Kleinbürger, die zum Angeln und Picknicken nach Chatou kamen oder aber nach Bougival auf eine kleine runde Insel, um einen Abstecher in die Unterwelt zu machen beim Tanzvergnügen auf dem Wasser in *La Grenouillère,* wo «der Abschaum der Menschheit und die Crème des Lumpengesin-

Nebenstehendes Bild.
Seit jeher hatte der Park
des Schlosses Luxem-
bourg eine ganze beson-
dere Atmosphäre. Für
spielende Kinder und
verliebte Studenten ein
wahres Paradies. Zu
Beginn des Jahrhunderts
picknickte man dort,
genauso wie heute auch,
unter Bäumen, auf dem
Rasen oder am Rand
des großen Wasserbek-
kens. Vor allem am
Sonntag.

Linke Seite. Wenn die
Stadtmaus sich zur
Landmaus «mauserte»,
hieß das noch lange
nicht, daß sie auf ihren
gewohnten Komfort ver-
zichtet hätte (1910).

Bild unten. Sogar die
Präsidenten unterwerfen
sich der Mode, im Freien
zu speisen. Hier ist es
der amerikanische Präsi-
dent Roosevelt mit
seiner Familie in Oyster
Bay (USA).

dels» aufeinandertrafen. Maupassant nahm sich die Zeit, von Bord seines Schiffes *Le Bel Ami* aus, die sonntäglich herausgeputzten, ziemlich angeheiterten Typen zu beobachten, die diesen Ort heimsuchten, «der Dummheit ausschwitzte und nach Schurkerei und billiger Galanterie stank» und den er in *La Femme de Paul* und in *Mouche* verewigen sollte.

Aber lassen wir diesen linkischen Kerl von Patissot, folgen wir lieber Monsieur Dufour, seiner Frau Pétronille, beider Tochter Henriette, seinem Handlungs-

gehilfen Anatol und der Großmutter. In dieser Familie kleiner Pariser Kaufleute wurde alles bis ins Kleinste geplant. So auch die von langer Hand vorbereitete Landpartie am Namenstag von Pétronille. Als der festliche Tag gekommen war, lieh man sich vom Milchmann dessen Wagen, um aus Paris hinauszufahren, Richtung Bezons. Mit einem Mal richteten sich alle Blicke auf das Restaurant Poulin: «Fischragout und gebratene Fische, Gesellschaftsräume, Park und Schaukeln» stand dort zu lesen.

«Es war ein Landgasthaus, weiß gestrichen, unmittelbar an der Straße gelegen. Durch die offene Tür konnte man die glänzende Zinktheke sehen, an der zwei Arbeiter im Sonntagsstaat lehnten.»

Man machte sich mit den Örtlichkeiten vertraut, neckte die Katze ein bißchen, ließ auf der Schaukel die Röcke der Damen hoch auffliegen, dann meldete sich unerbittlich der Hunger. «Die Bedienung kam, man gab die Bestellung auf. Gebratene Fische, Hasenbraten und Dessert ordnete Madame Dufour mit wichtiger Miene an. – Dazu zwei Liter Wein und eine Flasche Bordeaux, setzte ihr Gatte hinzu. – Wir werden die Mahlzeit im Gras einnehmen, warf das junge Mädchen ein. […] Aber wie es nun mal so ist, an dem besten Platz, der, den Madame Dufour sich im Geiste bereits ausgesucht

Picknicks mit Überraschungseffekt hat es immer schon gegeben … Was kann nicht alles passieren, vor allem dann, wenn man seine Picknick-«Zelte» gerade dort aufschlägt, wo Truppenübungen stattfinden! (Petit Journal, 1907, Auszug). Und das kann passieren, wenn ein friedlicher Wiederkäuer durchdreht, weil er soeben den Kopf seines Kalbes auf den Tellern wiedererkannt hat! (Benjamin Rabier, 1869–1939).

Bild rechts. Wohlig-entspannte Siesta auf dem Land in England, in der Nähe von Hereford, 1910.

hatte, saßen zwei junge Männer und aßen. Sicher Bootsfahrer, das konnte man an ihren Rudertrikots erkennen … Als die beiden jungen Männer die Mutter erblickten, tauschten sie schnell ein Lächeln aus. Als sie dann das junge Mädchen bemerkten, sahen sie sich an. ‹Treten wir ihnen unseren Platz ab›, sagte der eine, ‹das ist eine gute Gelegenheit, mit ihnen Bekanntschaft zu schließen.› Sogleich erhob sich der andere und bot – seine zur Hälfte schwarze, zur Hälfte rote Mütze in der Hand – den Damen mit ritterlicher Geste den einzigen Platz des Gartens an, der gänzlich im Schatten lag. Man nahm an, entschuldigte sich tausendmal. Um dem ländlichen Charakter zu huldigen, verzichtete die Familie auf Tisch und Stühle und ließ sich im Gras nieder. Die beiden jungen Männer trugen ihre Teller zu einem der Tische in der Nähe und fuhren mit dem Essen fort. Ungeniert ließen sie ihre nackten Arme sehen. Das junge Mädchen genierte sich ein wenig, drehte den Kopf etwas weg und tat so, als ob sie nichts bemerkte. Ganz anders Madame Dufour. Von weiblicher Neugier getrieben, vielleicht war es gar Lust, blickte sie dauernd zu den beiden jungen Männern hinüber. Sicher verglich sie sie nicht ohne Bedauern mit ihrem Gatten, der bei diesem Vergleich, das versteht sich, nicht allzugut abschnitt.

Madame ließ sich ins Gras fallen, setzte sich nach der Art der Schneider mit untergeschlagenen Beinen hin, zappelte und krabbelte dauernd an sich herum unter dem Vorwand, Ameisen seien ihr unter die Kleidung gekrochen. Monsieur Dufour, den die liebenswürdige Präsenz der beiden jungen Männer in verdrießliche Stimmung versetzt hatte, versuchte vergeblich eine bequeme Stellung zu finden, und der junge Mann mit den gelblichen Haaren fraß wie ein Scheunendrescher, ohne einen Ton von sich zu geben …»

Die Fortsetzung ist bekannt … Sowohl der Schluckauf von Monsieur Dufour, der genauso betrunken war wie sein Handlungsgehilfe Anatol … die alkoholbeseligte Siesta der beiden … die Spa-

zierfahrt der beiden Damen im Boot bis nach Robinson … die unvergeßlichen Umarmungen, Henriette mit ihrem schönen Bootsfahrer im Gebüsch … und dann, wie Jean Renoir es in seiner Verfilmung von Maupassants Novelle so schön ausgedrückt hat, werden Jahre ver-

gehen «mit Sonntagen eintönig und trist wie ein Montag», Jahre, nach denen der Bootsfahrer und Henriette – inzwischen mit Anatol verheiratet – wieder in die Gegenwart zurückgeholt werden …

Poulin in Bezons, Billon in Chelles, Fournaise in Chatou – das waren die Hoch-

burgen jener Epoche mit den volkstümlichen Ausflugs- und Tanzlokalen von Nogent, der Mühle von Saint-Ouen und der von Bonneuil. Treffpunkte von unglaublicher Popularität, meist galante Treffpunkte, Orte, wo eine ganze Generation von Malern und Schriftstellern

Le Déjeuner sur
l'herbe, *Edouard
Manet, 1863. Heutzu-
tage muß man schon
ganz schön gewieft sein,
um in Paris einen Pick-
nickplatz im Grünen
zu finden. Ist das Betre-
ten der meisten Rasenflä-
chen doch verboten. Die
schöne Odaliske von
Manet würde in unserer
Zeit wegen ordnungs-
widrigem Vergehen eine
Geldbuße riskieren.*

Bild unten. Le Déjeu-
ner sur l'herbe, *Jean-
Jacques Tissot, 1881.
Rahmen für dieses Pick-
nick-Gemälde von
Tissot war der Garten
seines Hauses in
St. John's Wood.
Die hübsche Dame im
Vordergrund hat die
Gesichtszüge seiner
Mätresse, Mrs. Newton.*

ihre Pinsel beziehungsweise ihre Federn «spitzten». Während Maupassant die Frühlingsgefühle der Pariser Kleinbürger skizzierte, fingen die Impressionisten jene Momente des Glücks ein, in denen sich Eros oder Cupido ein Stelldichein mit Bacchus gaben. Renoir war es, der mit seinem Pinsel zärtlich der Kontur der Dekolletés nachfuhr und das schelmische Lächeln der beiden Schönen auf der Terrasse des Restaurants Fournaise auf die Leinwand bannte *(Le Déjeuner des canotiers,* 1881 – Das Mittagessen der Bootsfahrer) und genußvoll die Falten der Reifröcke der beiden jungen Damen zerknautschte, die neben einem Tischtuch im Gras ausgestreckt sind; leere Gläser und Weinkaraffen deuten darauf hin, daß die beiden leicht beschwipst sind, ebenso der bärtige junge Mann, der zu ihren Füßen sitzt und im Begriff ist, sich eine Zigarette anzuzünden … *(La Fin du déjeuner,* 1879 – Das Ende der Mahlzeit). Dann Manet, der mit allegorisch-suggestivem Pinselstrich eine schöne Odaliske im Evaskostüm darstellte, die zusammen mit zwei Dandys, gekleidet comme il faut, im Schatten hoher Bäume beim Picknick sitzt *(Le Déjeuner sur l'herbe,* 1863 – Das Frühstück im Grünen). Schließlich in einem großen Park farbensprühende Frauen mit ihren Begleitern, eingezwängt in dunkle Jacketts, um ein mit Früchten und Weinflaschen beladenes Tischtuch herumsitzend und -stehend, die soeben ihr Mahl beendet haben. Unter dem Pinsel von Monet sieht man sie heraufziehen, die erlesene Stunde der Siesta.

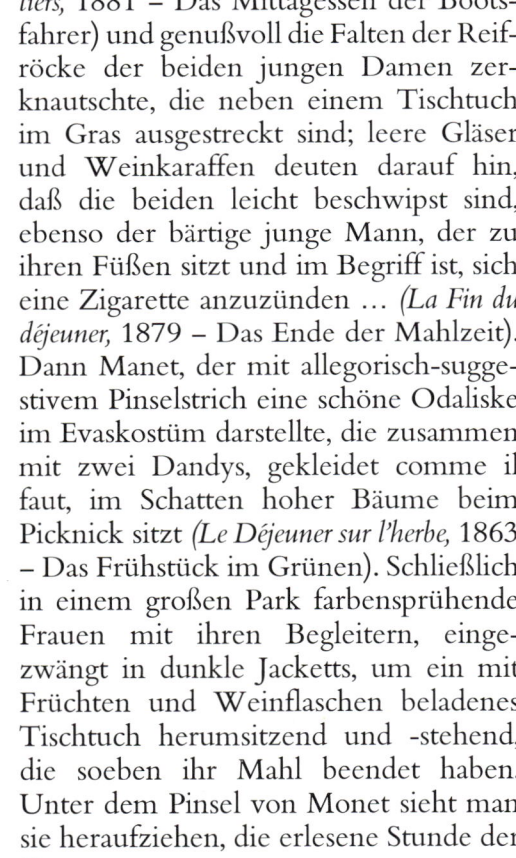

Schließlich Jean-Jacques Tissot, der in einer heiter-frivolen Picknick-Szene, die er ganz unzweideutig *Partie carré* (Schäferstündchen zu Viert mit Partnertausch) betitelte, den Wein in Strömen fließen läßt. Beim Anblick dieser angeheiterten, im Directoire-Stil gekleideten Paare, die sich hier im Gebüsch ganz offensichtlich nicht nur den Tafelfreuden hingeben, konnte die sittenstrenge Dame Britannien nicht umhin, in ein «shocking!» auszubrechen und mit erhobenem Finger auf den Unruhestifter zu zeigen. Um so mehr, als der aus Besançon stammende französische Künstler von 1872 bis 1882 seinen Wohnsitz in London aufgeschlagen hatte, wo er mit seiner hübschen Mätresse Kathlen Newton und seinen beiden Töchtern lebte. Ganz eindeutig ein Wüstling … Aber Tissot ließ sich nicht beirren, das Picknick blieb weiterhin eine seiner Inspirationsquellen.

1876 übertraf er mit einem höchst pikanten Gemälde, das er *La Tamise* (Die Themse) nannte, alles bisher Dagewesene. Auf dem Bild sieht man einen Mann mit hochrotem Gesicht auf dem Boden eines Kahns liegen, ebenfalls anwesend: zwei eindeutig liederliche Frauenzimmer, im Vordergrund ein Korb mit drei Champagnerflaschen. Kommentar von *The Graphic:* «Eher aufreizend als gelungen. Wir würden sagen: eher französisch als englisch.» Gipfel der Ruchlosigkeit: Aus dem Gemälde von Tissot geht deutlich hervor, daß diese Szene im Londoner Milieu spielt und daß die Personen der viktorianischen Epoche entstammen. Ein Jahr später machte er mit einer Tee-Picknick-Szene seinen Fauxpas wieder gut und versöhnte sich mit der Kritik: In einem englischen Garten, auf einem weißen Tuch Scheiben des englischen Cake, Früchte, Flaschen mit Sodawasser, ein Tablett mit Teegeschirr. Auch hier wieder zwei junge Frauen, diesmal zu Seiten eines im Gras ausgestreckten jungen Mannes, im Hintergrund jedoch die schlummernde Großmutter und ein spielendes Kind. Das ließ man sich gefallen, war doch viel ehrbarer und vor allem «so typically bri-

Bild unten. Le Déjeuner sur l'herbe, *Claude Monet, 1865. Man spürt, daß die gesegnete Stunde der Siesta herannaht, besonders genüßlich nach einem Imbiß, bei dem reichlich Wein geflossen ist.*

Folgende Doppelseite. Vacances (Ferien), Jean-Jacques Tissot, 1877. *Im Lauf seines Lebens schuf Tissot mehrere Gemälde mit ländlichen Picknickszenen, eines reizvoller als das andere. Interessantes Detail auf diesem Bild: Sodaflaschen, die auf dem Tischtuch liegen.*

tish». Dieses Gemälde mit dem Titel *Vacances* (Ferien) drückt besser als alle Worte die Vorliebe der Untertanen der Königin Viktoria für die Imbisse im Freien aus. Die Schönheit der Szenerie wird nur noch von der Fülle der Speisen übertroffen. Deutlich spürt man, daß sich jeder auf diesem Gemälde wohlfühlt und viel mehr den Reiz der Umgebung genießt, die Augenblicke unbeschwerten Glücks eines sonnendurchfluteten Nachmittags als den Inhalt der Tasse, die eher abwesend mit den Fingerspitzen gehalten wird.

Eines der letzten Gemälde Tissots, die dem Picknick gewidmet sind, ein besonders gut gelungenes, zeigt den nachmittäglichen Imbiß kleiner, pummeliger Mädchen aus gutem Hause mit Turban auf dem Kopf. Ein Rekord? Zweifellos. Eine fixe Idee? Vielleicht. Auf jeden Fall eine profunde Studie der verschiedenen Facetten dieses neuen Zeitvertreibs.

In etwa zur gleichen Zeit veröffentlichte die englische Kochpäpstin und Lizenzinhaberin für gute Umgangsformen, Mrs. Beeton, ihr *Book of Household management* (Das Buch über die Haushaltsführung), eine Art Hauswirtschaftsbibel der vornehmen Gesellschaft.

Ab 1861 findet sich darin ein ganzes

Kapitel über das Picknick, über seine Regeln und die speziell dafür geeigneten Speisen. Die jungen, gut erzogenen Mädchen waren es sich schuldig, sich diese Zeilen zumindest genauso gründlich einzuverleiben wie die gesammelten Werke von Jane Austin, der Germaine de Staël der englischen Literatur des 19. Jahrhunderts, die insbesondere in *Emma* mit vielen Details die ganz alltäglichen Zwischenfälle und Malheurs schildert, die bei der Organisation eines Picknicks der Upperclass, das diesen Namen verdient, passieren können.

Was findet man nun in den geschickt und mit viel Sachkenntnis von den Londoner Korb- und Koffermachern gestalteten Weidenkörben? Niemand weiß das besser als jene Mrs. Beeton; auf ihrem «Speisezettel für ein Picknick von 40 Personen» ist folgendes vermerkt: 1 kalter Rinderbraten, gekochtes Rindfleisch, ebenfalls kalt, 2 Lammkoteletts, 2 Lammschultern, 4 Stück gebratenes Geflügel, 2 gebratene Enten, 1 Schinken, 1 Rinderzunge, 2 Kalbs- und Schinkenpasteten, 2 Tauben im Blätterteig, 6 Hummer mittlerer Größe, 1 Kalbskopf, 18 Kopfsalate, 6 Salatkörbe, 6 Gurken, Kompott mit reichlich Zucker, gut verschlossen im Konservenglas, 3 oder 4 Dutzend Feingebäckstücke zum Kompott, 2 Dutzend reife Früchte, 4 Dutzend Käseküchlein, 2 ‹puddings› in ihrer Form, 2 Mandelpuddinge, ebenfalls in der Form, ein bißchen Gebäck mit Konfitüre, 1 großer Plumpudding (muß das gut schmecken!), einige Körbe mit frischem Obst , 3 Dutzend Kekse zum Knabbern, ein Stück Käse, 6 Pfund Butter (einschließlich der Butter für den Tee), 4 Scheiben Hausmacherbrot, 3 Dutzend Brötchen, 6 Scheiben Toastbrot zum Tee, 2 Rosinenkuchen, 2 Sandkuchen, 2 Madeleine-Kuchen, eine Dose mit gemischtem Gebäck, ein halbes Pfund Tee. Kaffee eignet sich nicht fürs Picknick, die Zubereitung ist zu aufwendig.» Wenn bei diesem Picknick jemand vor Hunger sterben sollte, ist ihm nicht mehr zu helfen!

Das Picknick mag zwar etwas sehr Englisches sein, aber die Heimat der Feinschmecker ist nun mal Frankreich. Ohne Zweifel verdanken wir einem französi-

«Da haben wir aber mal Glück gehabt, daß es erst nach dem Essen zu regnen begonnen hat!» Zeichnung von Jacques Faizant.

1938: Ein Sonntag auf dem Land am Ufer der Marne. Foto Henri Cartier-Bresson.

schen Schriftsteller – Jean Giono – die sinnlichsten und genußvollsten Seiten, die jemals über ein Essen mit Freunden auf dem Land geschrieben wurden. Die taufrischen Gerüche der Natur fließen in die Worte ein, die kontrastreichen Farben des Frühlings in der Provence scheinen in jedem Satz durch, und der Duft, der von jenem denkwürdigen Holzkohlengrill in *Que ma joie demeure* (Bleibe, meine Freude) aufsteigt, wird noch lange Zeit unsere Geschmacksnerven in höchste Aufregung versetzen: «Da gab es Gerüche, die nahmen Gestalt an, sie gingen und sie waren so stark, daß die Blätter sich bogen, wenn sie an ihnen vorbeizogen. So ließen sie lange Schattenspuren hinter sich. All die Räume des Waldes, alle Gänge, die Pfeiler und die Gewölbe, in gedämpftes Licht getaucht – sie alle warteten.» Die Szenerie war abgesteckt. Einer brachte den Hasen – «wie alle mit der Schlinge gefangenen Tiere stark aufgedunsen» –, der andere das Zicklein. Martha widmete sich dem Hühnerfrikassee, Honoré der Farce.

«Den Hasen hatte man ins Gras gelegt, die Flaschen in einer Reihe aufgestellt, den Schinken und die drei fetten Würste aus Schweinekaldaunen danebengelegt. Honoré wühlte die ganz Zeit in der Kiste herum und schob dabei das Stroh hin und her. – Das reicht ja für acht Tage, meinte Bobi. – Schön wär's, sagte Jacquou augenzwinkernd. Mit der Hand fuhr er sich in seinen Schnurrbart. – Und warum nicht? meinte Bobi. Man hat immer nur die Zeit, die man sich zugesteht.»

Man baute die Feuerstelle auf, die Frauen verlangten nach einem Messer und schimpften, weil «die Männer nie etwas finden». Die Luft rundum war die «eines gewitterblauen Frühlingsmorgens, über und über besprenkelt mit Sonnenstrahlen». Ein plötzlicher Regenguß mit Hagelschauern beeinträchtigte Begeisterung und Mühe der vier nicht im geringsten. Der Hase wurde mit Leber und Geschlinge des Zickleins gefüllt, ein bißchen von der Wurst dazu und kleingehackter Spinat … Man legte Holz aufs Feuer, «das Fleisch begann zu schreien». Die Frauen trällerten ein Liedchen und schalten die Männer: «Zieh dir ein Hemd an, das ein bißchen sauberer ist.»

schimmerte leicht golden. Jedesmal, wenn man sie mit dem Löffel umrührte, tauchten Speckstreifen aus der Tiefe auf oder etwas von der grünen Masse der Farce, aber auch Stücke von jungem, noch rosafarbenem Speck. Das Fleisch des Zickleins zerfiel, so weich war es. Innen war es milchig, dampfend in seinem hellen, klaren Saft.»

Dann dieser Prachtkerl von Hase, den Honoré mal mit kleinen Stückchen von Terebinthenknospen bestreute, mal mit Schaumkrautblättern: «Da waren die Kräuter. Da war das dunkle Fleisch des Hasen, aromatisch gewürzt vom Leben in der freien Natur. Da war die Kraft des Feuers. Der dunkle Wein. Dann die Luft, die man kaute genauso wie das Fleisch, eine Luft schwer vom Duft der Narzissen, den ein leichter Wind vom Feld herübertrug; der Himmel, der Frühling, die Sonne, die die weichen Stellen des Körpers beharrlich erwärmte – man hätte meinen können, sie wüßte, was sie täte –, sie erwärmte die Achselhöhlen, die Bächlein, die vorne am Bauch herunterliefen und die Schenkel, wo sie zusammentrafen – genau dort!»

Dann wurde unter einem Baum der Tisch gedeckt, ein Bettuch diente als Tischdecke. Als es Mittag war, nahmen die Männer das Zicklein vom Spieß. Die Herzen schlugen im Rhythmus der Gabelstöße.

«Die Braten waren schwer und saftig, beim ersten Messerstich platzte das Fleisch auf. Die bronzefarbene Soße

Nebenstehendes Bild. 1960: Picknick in den Felsen.

Bild unten. Aberglaube: Das Wörtchen «grain» – Korn – ist in Picknickgesprächen tabu. Warum? Ganz einfach, weil «grain de sel» – das Salzkorn, das auf dem Tisch verstreut wurde, nur Ärger bringt, «grain noir» heftige Windstöße mit Regenschauern bedeutet und – als Gipfel des Ganzen – «grain de folie»: Wenn die Schwiegermutter sich in die Mayonnaise setzt, kann es «wahnsinnigen» Ärger geben, zumindest aber vergeht allen das Lachen. Foto Raymond Depardon.

Der Picknickkorb
der Hautevolée

Bisweilen geht es äußerst vornehm zu bei der Mahlzeit im Grünen. Und die bescheidene Dame Picknick kleidet sich in fürstliches Gewand: Wenn es den Königinnen einfiel, Schäferin zu spielen, wenn sich die oberen Zehntausend gegen Ende des Frühjahrs auf dem Rasen von Chantilly, Epsom, Ascot oder Glyndebourne ein Stelldichein geben, waltet die Etikette – dicht über den Gänseblümchen – unerbittlich ihres Amtes, und in den Picknickkörben kommt das Silberbesteck zum Vorschein. Und wenn die Zeit der Ernte kam oder der Viehwanderungen, war es Zeit für die rituellen Festessen, die Leib und Seele stärken.

Seit Vergil träumten Dichter und Frauen von Welt von Schäfern und Schäferinnen und malten sich die einfachen Freuden eines idyllischen Lebens in der Natur in glühenden Farben aus: am Fuße eines Baumes schlafen, die noch warme Kuhmilch trinken, ein Stück Brot mit selbstgemachtem Käse essen … Un-

getrübt sind die Freuden, die uns hier von Mademoiselle de Montpensier vor Augen geführt werden. Diese Dame schlägt vor, «man solle auf unseren schönen Wiesen Schafe hüten, den Schäferstab in die Hand nehmen und einen breitkrempigen Hut auf den Kopf setzen und im grünen Gras bäuerlich-einfache Speisen zu sich nehmen, wie es sich für Hirten geziemt.»

Die königliche Schäferin, Marie-Antoinette, in ihrem bedruckten, maulwurf- und mausfarbenen Kleid, zog es – genauso wie diese kleinen Tierchen – unwiderstehlich aufs Land; zusammen mit Madame de Lamballe und einigen Busenfreundinnen nahm sie auf den Wiesen von Petit Trianon ihren Imbiß ein.

Heutzutage gibt es nur noch wenige Hirten, die jährlich mit ihren Herden wandern, so in den französischen Alpen oder in der Lozère, wo man sie mehrere Tage lang über steile Pfade zu den Hochalmen aufsteigen sehen kann. Im Provenzalischen heißt das «faire la draille», wobei «draille» der Pfad ist, dem die Tiere folgen. Der Hirte spielt nicht mehr die Panflöte, Phöbus bringt er keine Trankopfer mehr dar und er lebt auch nicht mehr ausschließlich von den Erzeugnissen seiner Schafe. Pierre A. Clément, der mehrfach Hirten auf ihrer Wanderung begleitet hat, berichtet von dem köstlichen Lohn, der dem Ritus gemäß demjenigen zuteil wird, der sich mit seiner Herde auf den mühsamen Weg der Wanderung in die Berge macht. Nach einigen Stunden Fußmarsch in der Morgenkühle

Vor der Mechanisierung der Landwirtschaft stellten die Bauern und Winzer zur Zeit der Ernte und der Weinlese scharenweise Tagelöhner ein. Die Arbeiter brachen im Morgengrauen auf, in ihrem Beutel hatten sie die Brotzeit verstaut. Zur Essenszeit kam die Bauersfrau mit großen Körben aufs Feld oder in den Weinberg und brachte den Arbeitern ihre Mahlzeit. Nach Beendigung von Ernte oder Weinlese wurden immer Festessen veranstaltet. Im Norden Frankreichs und in Flandern versammelte sich das ganze Dorf zum Festmahl, wobei jede Familie ihren Mitteln entsprechend ihren Beitrag zum gemeinschaftlichen Essen leistete. Sommerlandschaft, *Lucas van Valckenborch (um 1530/1535–1597).*

war die erste Etappe des Tages erreicht; die Frau des Besitzers der Tiere traf mit einem Lieferwagen ein, beladen mit Körben. Anstelle eines Frühstücks hatte «Delila uns mit viel Sorgfalt die unvermeidlichen hausgemachten Wurstwaren hergerichtet, ein kaltes Omelett mit Kräutern, Tomatensalat mit Thunfisch und eine butterweiche Lammschulter, dazu eine Korbflasche mit Salavès. Mittags dann der zweite Stopp. Als wir das Geräusch des Motors in den Hügeln vernahmen, verlangsamten wir unsere Schritte. Wir waren am Treffpunkt angelangt, im Schatten großer alter Kastanien irgendwo nahe bei La Lauze oder Pra Bargès.» Bevor die Männer sich zur wohlverdienten Rast niederließen, legten sie ihre Flaschen in das kühle Wasser eines Baches oder eines Brunnens, erfrischten sich Kopf, Nacken, Hände und die von Dornen zerkratzten Arme. Während die Bäuerin den Tisch und die Klappstühle aufstellte und das Essen herrichtete, huldigten die Hirten dem Ritual des Pastis. Wenn alles bereit war – der Pastis hatte die Männer in gehobene Stimmung versetzt –, begab man sich zu Tisch. Frikandeau und Wurst, Mussaka mit Gemüsefüllung, eine Speise leckerer als die andere. Das Dessert, ein Kirschauflauf, fand gerade noch Platz im Magen der Männer. Der Wein aus Trouillas war kühl und vollmundig. Jetzt war man wieder im Vollbesitz seiner Kräfte. Noch eine kleine Siesta, und die Wanderung ging weiter. Bevor sie auseinandergingen, steckte die Frau noch etwas Wurst und Käse in den Quersack des Hirten. Verhungern müßte er nicht, denn er kennt die Plätze, wo Steinpilze und Pfifferlinge wachsen. Bereits im Morgengrauen hatte er die Pilze gesammelt, am Abend in der Unterkunft für die Nacht würde er daraus ein Omelett zubereiten.

Auf dem ganzen Weg gab es immer wieder Begegnungen, die stets mit einem Imbiß und einem kräftigen Schluck einhergingen. Das Gebimmel der Glöckchen am Hals der Schafe kündigte von weitem schon das Vorbeiziehen der Herde an. Die Bauern stiegen von ihren Einödhöfen herunter zu der Herde. Der eine brachte «seine schmack-

hafteste Wurst mit, der andere seinen weichsten Käse und wieder ein anderer den besten Wein aus seinem Keller».

Bis hin zur Erfindung der Erntemaschinen, vor allem der Mähbinder, um die Jahrhundertwende war der Bauer während der Erntezeit auf die Hilfe von Tagelöhnern angewiesen, die er anläßlich der Oster- oder Pfingstmärkte in den benachbarten Marktflecken für die Ernte anheuerte. Mit dem Beginn der Hundstage war es soweit. Nachdem die Erntearbeiter noch vor Morgengrauen die Reste des Essens vom Vorabend verzehrt, sich dazu einen ordentlichen Schluck Schnaps genehmigt und einen Kanten Brot sowie eine Feldflasche mit

Wasser oder Cidre in ihrem Beutel verstaut hatten, zogen sie zu den Feldern, die oft weit weg von den Bauernhöfen lagen. Zum Muntermachen sangen sie unterwegs das Lied von Blacher
Der Buchweizenkuchen des Erntearbeiters
Der Buchweizenkuchen
Bringt die Erntearbeiter in Schwung
Mehr noch als der Brei
Stärkt er sie und gibt ihnen Kraft.

Und weil diese kräftige Nahrung
Ihren Körper stärkt,
Bringt sie ihnen zugleich
Fröhlichkeit und gute Stimmung.

Es lebe der Kuchen und die Liebe!

Das Geläute der Kirchturmglocken kündigte die Pausen an: 11 Uhr, Zeit fürs «dîner», unser Mittagessen; 16 Uhr für das «goûteron», den Imbiß, manchmal auch «marander» genannt. Die Bäuerinnen, häufig in Begleitung eines Landarbeiters, den sie dazu bestimmt hatten, ihnen zu helfen, kamen mit schweren Körben voll mit Eßsachen und Geschirr vom Hof zu den Feldern. Man suchte sich einen Schattenplatz am Feldrain oder bei einer Hecke. Gegen einen Erdhügel gelehnt oder eine bereits gebundene Garbe, saß man im Kreis und wartete ungeduldig auf den Inhalt der Picknickkörbe, der viel zu langsam zum Vorschein kam. Endlich standen die Hen-

keltöpfe vor ihnen, aus denen ihnen ein unwiderstehlicher Duft in die Nase stieg. Im unteren Teil war die traditionelle Speckkrautsuppe, in die man das dunkle Brot eintauchte; darüber als Hauptgang Gemüse oder Salat. Die Erntearbeiter löschten ihren Durst mit frischem Wasser, das in Steinkrügen aufbewahrt wurde, und stärkten sich mit Landwein oder Cidre. Zum Abschluß gab es hausgemachten Käse, frischen oder in Pappelholzasche getrockneten.

Wenn die Vieruhr-Nachmittagspause ge-

schmückten Pflock band, stellte der Fuhrmann voller Stolz «le mai de la moisson» – den Maibaum der Erntezeit – an der Spitze seines Wagens auf, den schlankesten Stamm, den er hatte finden können. Und wenn dann endlich der letzte Erntewagen im Triumph auf dem Hof ankam, sangen die Erntearbeiter:

Werden wir bald essen, Herrin?
Ach ja, ganz bald.
Werden wir bald essen, Herrin?
Ach, sagt doch ja.

kommen war, zeichnete der Patron, am Fuße eines Baumes sitzend, mit der Spitze seines Messers ein Kreuz auf die Rückseite des noch nicht angeschnittenen Brotes. Dann schnitt er, den Brotlaib gegen seinen mächtigen Bauch gestützt, mit einer weit ausholenden und zugleich exakten Bewegung große Scheiben vom Brot herunter, das mit dem übriggebliebenen Käse gegessen wurde.

Beginn und vor allem Ende der Erntezeit wurden seit jeher mit einem rituellen Mahl gefeiert. Während der Patron die letzte Garbe mit einem bändergе-

Nahe bei dem Haus stellten die Mägde Böcke auf, auf die große Bretter gelegt wurden – der Tisch war fertig. Jetzt kam ein schweres weißes Tischtuch aus Hanfleinwand darauf, das Steingutgeschirr, Petroleumlampen, Steinkrüge und die besten Weinflaschen, die der Patron im Keller finden konnte. Der Patron und seine Frau empfingen ihre Gäste.

Fleisch, im allgemeinen auf dem Tisch der Bauern nur selten zu finden, gab es reichlich: verschiedene Sorten von Pasteten, Ragouts, Lammkeulen, eines folgte auf das andere. In der Brie war das Brat-

Nebenstehendes Bild.
The Land Girls
lunch. *Diese Szene er-*
innert uns an die Kriegs-
zeit, wo die Frauen die
Arbeit der Männer ver-
richten mußten. In der
Landwirtschaftsschule
von Studley, einem
Landgut in der eng-
lischen Grafschaft War-
wickshire, nahmen die
Studentinnen während
der Erntezeit ihre Mahl-
zeit auf den Feldern ein.

Bild unten. Zur Stunde
der Siesta, «couchés dans
le foin avec le soleil pour
témoin» (im Heu
liegend, nur die Sonne
schaut zu – altes franzö-
sisches Lied), könnte
man beim Anblick
dieses Fotos trällern.
Bevor die Thermos-
kanne aufkam, wurde
das Wasser in Stein-
krügen frisch gehalten.

hähnchen Mittel- und Höhepunkt des Festessens. Die Bäuerin war es, die das Hähnchen zerteilte und jedem ein kleines Stück davon gab. Andächtig, mit halb geschlossenen Augen, genoß jeder seinen Teil. Im Burgund dagegen ließ man sich das Schulterstück vom Kalb schmecken und Kuchen – die runden «flammusses» und die «corniottes» mit Quark. Obstkuchen, Crèmes, Kaffee und Schnaps beendeten das Festessen, das gewürzt war mit lustigen Geschichten, Anekdoten und Liedern. Und da sich immer auch ein Geigen- oder Ziehharmonikaspieler unter den Leuten fand, schloß der Abend mit einem Tänzchen ab.

Aber nicht nur in der Erntezeit wurden Arbeitskräfte gebraucht. Wenn sich die Zeit der Weinlese näherte, zogen ganze Heerscharen von Gelegenheitsarbeitern durch Frankreich, um sich von einem der Winzer anheuern zu lassen. Traditionsgemäß bestimmte ein Winzergremium jeweils für jeden einzelnen Weinberg den Zeitpunkt der Weinlese. Auch hier war es die Frau des Patrons, die zusammen mit den Mägden den Arbeitern das Essen in den Weinberg brachte, dazu kam die Nachlese, die jedem Arbeiter gestattet war. Dennoch herrschte bei der Ernte der Früchte des Bacchus eine ganz andere Atmosphäre als bei der Getreideernte, es ging viel fröhlicher zu,

bisweilen gar ausgelassen. So machten sich die Köchinnen in den Dörfern der Isère einen Spaß daraus, in ihren Blätterteigpasteten, die sie mit scheinheilig-freundlichem Gesicht zu den Arbeitern auf die Weinfelder brachten, «Scherzartikel» zu verstecken. Wehe dem gierigen Esser! Wie leicht konnte er unter dem Teig, der mit Käse oder Kräutern gefüllt war und im Munde zerging wie Butter, ein Stückchen Stroh finden oder die Granne eines Maiskolbens, die ihm im Rachen steckenbleiben würden!

Im Gegensatz zum uralten Trankopfer, das nur noch in manchen Gegenden, so in der Champagne, nach Ende der Weinlese dargebracht wird, ist es überall

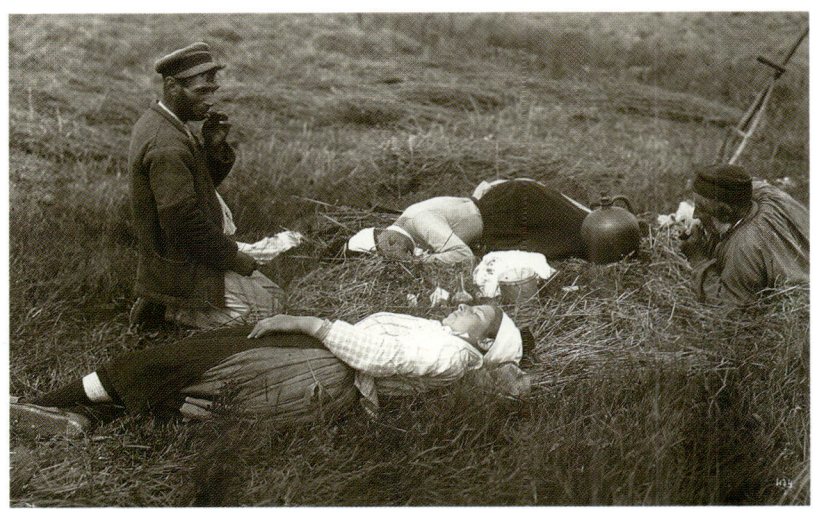

üblich, das traditionelle üppige Abschiedsessen zu veranstalten, bevor jeder wieder in sein Heim zurückkehrt. Aber auch die einzelnen Phasen der Weinherstellung waren willkommener Anlaß für gutes und reichliches Essen und Trinken. Besagte doch ein altes Sprichwort: «quand le vin est tiré, il faut le boire» (wenn der Wein auf Flaschen gezogen ist, muß man ihn trinken), das heißt: Wer A sagt, muß auch B sagen. So setzte man sich nach dem Keltern der Trauben in der Weinpresse des Dorfes, bei dem die Familie und die nahen Verwandten kräftig mitgeholfen hatten, zu einem Festessen zusammen. Ein 40-Liter-Faß mit Wein wurde ans Tischende gestellt. Der Wein lockerte die Zungen, man begann zu singen, dazwischen immer wieder ein kräftiger Schluck vom Wein, begleitet von rhythmischen, fröhlich-kräftigen Fausthieben auf den Tisch:

Gießen wir uns einen hinter die Binde, Binde
Gießen wir uns voll bis oben hin!

Die bacchantischen Feste blieben jedoch nicht auf den Herbst beschränkt. «Wenn es am Tag des heiligen Vinzenz regnet, steigt der Wein in der Rebe», besagt eine volkstümliche Weisheit. Um so ausgelassener feierte man dann am 22. Januar den Schutzpatron der Winzer.

In Suresnes, dessen «reine und gut verträgliche Weine» schon die französischen Könige sehr geschätzt haben sollen, Weine, deren Qualität so ausgezeichnet war, daß man sie ohne weiteres mit denen der Champagne hätte verwechseln können, erfuhr der heilige Vinzenz an seinem Feiertag ganz besondere Ehren, und die Festessen waren entsprechend üppig. Alle machten sie sich fein und zogen ihre besten Kleider an. Die Männer den schwarzen Gehrock mit Zylinder, die Frauen den schönsten Seidenschal, den sie besaßen, dazu trugen sie stolz den Familienschmuck aus Gold: Broschen, Ketten und schwere Ohrgehänge; auf dem Kopf das blütenweiße, gestärkte Spitzenhäubchen. Auf die religiöse Zeremonie folgte das Festessen, das den ganzen Tag in Anspruch nahm. «Schweinshaxen, Taubenfrikassee und Hasenbraten dienten sozusagen nur als Entrée für den königlichen Truthahnbraten, der mit anhaltendem Beifall in Empfang genommen wurde», berichtet R. Sordes in seiner *Histoire de Suresnes* (Geschichte von Suresnes). Der Wein floß in Strömen, und zwischen den Gerichten kippte man ein kleines Glas

mit Tresterbranntwein, um im Magen Platz zu schaffen für den nächsten Gang und um die Verdauung zu fördern … Am nächsten Tag traf man sich, um die Reste vom Vorabend aufzuessen, man nannte das «fêter la Sainte-Serpette». Und man blieb solange zusammen und feierte «la Saint-Serpillon», bis tatsächlich alles ratzebutz aufgegessen war. Solange, bis keiner mehr essen konnte, bis es keine durstige Kehle mehr gab, und das konnte eine Woche dauern!

In Italien wird das, was vom Ostersonntagsessen übriggeblieben ist, am Ostermontag verzehrt. «Pasqueta» wird dieses Picknick genannt, das entweder «en famille» eingenommen wird oder aber in größerer Gesellschaft. Die Bewohner eines Hauses laden die eines anderen Hauses zu sich in den Garten ein oder aber sie fahren ans Meer oder aufs Land. Sämtliche Generationen sind vertreten, und bei den ersten Sonnenstrahlen schlägt man sich den Bauch mit Pizzas voll, mit Schinken aus der Toscana, mit kalten Nudelgerichten, gefüllten Blätterteigtauben und riesigen Schokoladeneiern, all das, nicht ohne ordentlich vom Valpolicella oder Chianti zu trinken.

Die Spanier picknicken alle Augenblicke, und ihr Nationalgericht, die Paella, wird traditionsgemäß am Feldrand zubereitet. Von Alicante bis Valencia ist sie Königin in den Orangenhainen entlang der Meeresküste; zugleich königliches Mahl der Armen, denn jeder steuert etwas zur Paella bei, so daß am Schluß ein üppiges Mahl winkt. In die riesige Paella-Pfanne auf dem Feuer legt jeder seine Zutaten aus eigener Produktion. Der eine steuert sein besonders gutes aromatisches Olivenöl bei, der andere sein mit Körnern gefüttertes Huhn, ein dritter sonnengereifte Tomaten und Paprika aus seinem Garten, ein vierter seinen Reis und den goldfarbenen Safran. Die Fischer aus der Gegend bringen ihren Fang vom Morgen an, den sie nicht verkauft hatten (oder nicht verkaufen wollten!), Fische, Langustinos, Miesmuscheln und andere Muscheln. Die Paella köchelt. Und dann sitzen sie alle unter den duftenden Orangenbäumen, essen aus der Riesen-Paellapfanne und genießen dieses außergewöhnliche Potpourri,

in dem Menschen und Produkte von Meer und Erde zusammenkommen, dessen Geschmack jedesmal anders ist und Gegenstand nicht enden wollender Kommentare.

Mittelpunkt des provenzalischen Picknicks ist der Aïoli, die Knoblauchmayonnaise. Die Zubereitung ist langwierig, so beginnt man bereits am Vorabend damit. Der Stockfisch wird entsalzen und pochiert, Gelberüben müssen geschält werden, dann Kartoffeln und Süßkartoffeln; grüne Bohnen, die Blattstiele von Gemüseartischocken, Rüben – all das muß gereinigt und geschnitten werden. Dann werden die Gemüse gekocht, alle

einzeln, Eier werden hart gekocht. Schließlich müssen Berge von Knoblauchzehen geschält und zu einer Paste zerstampft werden, sind sie doch die Grundlage dieser mit Olivenöl aufgeschlagenen Mayonnaise, die ihren Namen dem Knoblauch verdankt. All das erfordert viele Töpfchen und Schüsselchen und nicht zuletzt viele helfende Hände. Aber «wo ein Wille ist, ist auch ein Weg» heißt es, und so teilten in allen Haushalten die Köchinnen die Aufgaben untereinander auf. Es heißt, man muß der Zeit Zeit geben und dem Geist des Festes Raum. Ein Olivenfeld, ja sogar der schattige Dorfplatz, mehr brauchte es nicht. Die Männer, die bei «ihrem» Winzer den Wein geholt hatten, hievten auf Böcke große Bretter, das Buffet war fertig; dazu noch einige Tische und

Das Picknick ist international. Allerdings hat es verschiedene Gesichter und tritt in verschiedener Gestalt auf: zurückhaltend mit einem Schlückchen Rotwein genossen oder aber entfesselt «auf Art der Russen», wo zur Zigeunermusik der Wodka in Strömen fließt, aber auch Unmengen von Tee getrunken werden.
Une fête populaire en Russie *(Volksfest in Rußland), anonym, 1850.*

Am letzten Wochenende im August begeben sich bretonische Pilger in traditioneller Tracht zum «Pardon de Sainte-Anne» (kirchliches Fest mit Prozession und Ablaßerteilung), um ihre Großmutter zu ehren. Und dort, an diesem abseits gelegenen Ort, nahe bei der einst vom Meer verschlungenen Kapelle der legendären Stadt Ys, beten sie, schlafen sie und stärken sich mit Kuchen, Würsten aus Vire und Korbflaschen voll mit Cidre.

Les Femmes de Plougastel au pardon de Sainte-Anne-la Palud (Die Frauen aus Plougastel beim «Pardon der Sainte-Anne-la Palud»), Charles Cottet, 1903.

Rechte Seite. Ob diese beiden alten Mütterchen wohl für den ganzen Tag auf den Markt gegangen sind? Oder aber zum Fest der Fischer nach Concarneau? Oder kosten sie vielleicht das Grand Fest Noz, *das Große Fest der Nacht, bis zur Neige aus? Wie immer … Auf alle Fälle stärken sie sich erst mal. Foto Gilles Peress.*

Stühle. Die Mahlzeit war nur dann perfekt, wenn alle Speisen zusammen auf den Tisch kamen, und zwar lauwarm. Der Stockfisch thronte in einem Behälter aus Kork, der «faouque», umgeben von den Gemüsen und Töpfchen gefüllt mit Aïoli. Man nahm sich hier etwas und dort etwas, und in der Mulde seines Tellers stellte man sich Mildes und Pikantes zusammen, jeder nach seinem Geschmack.

Faschingsfeste am Faschingsdienstag, religiöse Feste, Treffen von Bruderschaften, Kirchweihfeste …, sie alle boten seit jeher eine willkommene Gelegenheit, im Freien zu tafeln. Da gab es in Dijon eine Bruderschaft, die Ludwig XIII. schließlich verbot: die Bruderschaft der «Mère-Folle» (der Verrückten Mutter). Mehr als 500 Mitglieder, die aus allen Schichten stammten, hatte diese Bruderschaft, die die Ansicht vertrat, daß «die Welt voll ist von Verrückten». Die Mitglieder der «Mère-Folle» waren allesamt lustige Gesellen, sie nahmen nur solche in ihre Gemeinschaft auf, die «alle Freuden der Kinnbacken besaßen, dann Raffinesse, Eleganz, Kühnheit, Süffisance und Erfahrung der Zähne, wie sie nur ein ‹mignon de cabaret› haben konnte», einer, der die Kunst beherrschte, sich, ohne einen Pfennig zu bezahlen, den Bauch vollzuschlagen. In der Tat waren die Schlemmer-Picknicks aus dem rauschhaften Leben dieser Bruderschaft nicht wegzudenken: «Wenn wir zum

Essen zusammentrafen, brachte jeder eine Speise mit.» Unglücklicherweise ging das hemmungslose Spektakel der «Mère-Folle» den Bürgern von Dijon schließlich so auf die Nerven, daß sie Ludwig XIII. baten, es zu verbieten.

In Venedig werden an einem Tag im Juli der Canale della Giudecca und der Canale Grande für alle «vaporetti» gesperrt. Der Seeraum gehört nun ganz den Fußgängern: mit großen plattbauchigen Flußbooten wird über die beiden Kanäle eine Brücke geschlagen, so daß die Prozession ungehindert zur Erlöserkirche in Giudecca gelangen kann. Die Venezianer, die vor allem an den Wochenenden unter dem infernalischen Lärm der vielen Motorboote zu leiden haben, können endlich mal die stillen Freuden des Ruderns genießen. Ihre Gondeln schmücken sie prächtig mit Blumen und Lampions für ein gigantisches Fest in der Lagune. Ab elf Uhr abends tafelt man auf dem Wasser. Befreundete Gondeln schließen sich zusammen, und die Venezianer, die berühmt sind für ihren erlesenen Geschmack, stellen Tische auf, und so tauscht man von Boot zu Boot die Gerichte aus: Polenta (Maisbrei), Pasta e fagioli (Nudelsuppe mit weißen Bohnen), Kalbsbraten, Lammkeulen und nicht zuletzt die köstlichen Weine aus dem Friaul. Feuerwerke lassen den Himmel in allen Farben erglühen, das Wasser schimmert … Die blitzenden Augen müssen die ganze Nacht über offenbleiben, die Tradition verlangt, daß man zum Sonnenaufgang an den Lido fährt.

Aber kehren wir zu den vergangenen Zeiten der französischen Hauptstadt zurück und zu ihren Messen, die markante Punkte im Jahresrhythmus von Paris waren. Mit dem phantastischen Angebot an Eßwaren, die aus allen Gegenden Frankreichs kamen, aber auch aus Flandern, Italien, Portugal und sogar aus den Ländern Asiens, waren sie die reinsten Höhlen Ali Babas, ein Ort, an dem außergewöhnliche Waren umgeschlagen wurden und reger Betrieb herrschte. Die vom 3. Februar bis zum Samstag vor Palmsonntag stattfindende Messe von Saint-Germain-des-Près, die unter Ludwig XIV. ins Leben gerufen

worden war, war von den Pariser Messen die bedeutendste. Hierher strömten sie alle, aus den Vorstädten von Paris und aus der Provinz. Seigneurs, Hofdamen und «Liebesdamen» gaben sich hier ein Stelldichein. Inmitten all dieses Gewimmels versäumte man es nicht, sich mit Kuchen, Pfefferkuchen oder Waffeln vollzustopfen, die an den Marktständen angeboten wurden. An den Buffets trank man «l'aigre de cèdre», einen speziellen, auf der Grundlage von Zitronat-Zitronen, Zitronen und Zucker hergestellten Likör. Und überall stieß man

auf Kneipen, in denen «die Leute sich halb zu Tode soffen», wie man in den *Tracas de Paris* (Die Ärgernisse von Paris) von Colletet nachlesen kann.

Die großen Augenblicke im Leben der königlichen Familien wie Entrées, Krönungen, Geburten oder Heiraten waren stets von Festlichkeiten begleitet, die man dem Volke gab, das sich mit Begeisterung auf diese unverhofften Geschenke «von oben» stürzte. So wurde im Jahre 1729 die Geburt des Dauphin, Sohn von Ludwig XV. und Maria Leszczyńska, mit einem allgemeinen

Freudenfest gefeiert. Festlich umrahmt von Glockengeläute floß in ganz Paris der Wein in Strömen.

Der «Sehr Große Empiriker, der Große Sieur Thomas», «Chirurg an den königlichen Spitälern», zugleich Zahnarzt, der auf höchst originelle Art und Weise auf einem offenen vierrädrigen Wagen gleich neben dem Reiterstandbild von Henri IV. auf dem Pont-Neuf seines Amtes waltete, wollte dem König nicht nachstehen und auch seinen Teil zum Fest beitragen. Es war sein Wunsch, sich bei dieser Gelegenheit dem Volk von

Paris gegenüber in all seiner Freigebigkeit zu zeigen, und so ließ er ankündigen, daß er am 19. September 1729 jedem kostenlos die Zähne ziehen und für alle Passanten ein Fest geben würde, das man so schnell nicht vergessen würde … «Der Große Thomas kaufte einen Ochsen, mehrere Hammel und 600 Zervelatwürste. Und er ließ Weinfässer anrollen. Alles war bereit an diesem Sonntag für das Fest, das der so großzügige Mäzen dem Volke zu geben gedachte.» Jedoch fällte der Präfekt – im letzten Moment – die Entscheidung, das Volksfest zu verbieten. Nur zu verständlich, daß die hungrigen und enttäuschten Gäste meuterten und die ganze Sache eher böse endete, erzählt R. Héron de Villefosse.

Anläßlich der Heirat des Dauphin Ludwig mit der Infantin von Spanien, Maria Theresia, waren die Pariser am 28. Februar 1745 zu den königlichen Festlichkeiten eingeladen. Während die feinen Leute zum großen Ball ins Rathaus gingen (wofür den Eintritt bezahlt werden mußte), stürmte das Volk die (kostenlosen) sieben Ballsäle, die am Pont-Neuf, der Place Dauphine, am Carrousel und an der Bastille errichtet worden waren. Auf einer zeitgenössischen Illustration ist eine dichte Menge abgebildet, die sich in einer dieser Gartenlauben zusammendrängt – ein Gitterwerk-Pavillon, grün gestrichen «wie eine Schäferei», mit Blätterwerk geschmückt und mit Kronleuchtern und Fackeln beleuchtet; für Musik sorgten vier verschiedene Kapellen. Auf großen Buffets, die von Männern mit langen Spießen (!) bewacht wurden, standen Weinkrüge, Brotkörbe und Platten und Schüsseln übervoll mit Speisen: Braten, Puter, Zervelatwürste … Damit nichts gestohlen wurde, hatte man scheint's die Platten festgenagelt!

Die Revolution, die in der Geschichte Frankreichs nun mal nicht zu jenen Epochen gehört, die besonders reich an Festen waren, brachte im Namen der republikanischen Tugenden Gleichheit und Brüderlichkeit die Mode der Picknick-Festmähler in den verschiedenen Pariser Stadtvierteln auf. Garnier Launay, Mitglied des Jakobiner-Klubs, war es, der den Vorschlag machte, solche

Nicht annähernd so spektakulär wie die Imbisse Ludwigs XIV. oder die Feste des Prinzen von Conti, entsprach dieses Déjeuner offert par Louis-Philippe à la reine Victoria en forêt d'Eu (Mahlzeit im Wald von Eu von Louis-Philippe für die Königin Viktoria veranstaltet) am 6. September 1843, der englischen Königin, die sehr naturliebend war, viel mehr. Dennoch waren die Speisen sicherlich erlesener als die derben bäuerlichen Suppen und die «Hühnchen, hart wie Holz», die die britischen Majestäten bei ihren Ausflügen incognito in verschiedenen Gasthäusern der Highlands gegessen hatten. Edouard-Henrich Girardet (1819–1880).

Mahlzeiten zu veranstalten, «die in den Straßen und auf öffentlichen Plätzen eingenommen werden sollten und zu denen jeder Speisen mitbringen sollte, die auf den gemeinschaftlichen Tisch kamen.»

Als Grundregel galt: Einfachheit, Kargheit, Brüderlichkeit. «Auf diesen spartanischen Tischen braucht man weder Tischtücher noch Servietten noch sonst etwas, das nach Luxus aussieht. Die Speisen sind zwangsläufig einfach, ein Stück Fleisch, Gemüse, Käse, Wein, etwas Schnaps und viel Fröhlichkeit, das ist alles, was an Ausgaben anfällt» *(Le Journal de Paris)*. Ach! Die brüderliche Suppe wurde nur allzubald versalzen. Hier fielen «kannibalistische Äußerungen», dort wurden vor gewissen Gästen, von denen man glaubte, man könne sie terrorisieren, «Pläne über Massaker und Brände» geschmiedet. Es folgten Schlägereien, und unter dem Einfluß von Alkohol drohte das spartanische Leben zu den «Wonnen von Capua» auszuarten. Das Schlimmste an diesen scheinbar egalitären bürgerlichen Festen aber war, daß niemand offen und ehrlich sein konnte,

niemand zeigen durfte, wer er wirklich war: «Aus der Sorge, verdächtig zu erscheinen, aus der Angst heraus, als Feind der Gleichheit dazustehen, kam jeder, um wie im Familienkreis am selben Tisch zu essen und saß dann an der Seite eines Mannes, den er verachtete oder gar verabscheute. Der Reiche bemühte sich, den Luxus, den er bei Tische trieb, herunterzuspielen. Der Arme ruinierte sich, um seine Armut zu verbergen; und während er aus Stolz all das an seinen Erzeugnissen für das

gemeinsame Mahl opferte, das für die ganze Woche hätte reichen sollen, mußten seine bescheidenen Speisen ihn vor Scham erröten lassen vor jenem, von dem er wohl glaubte, er wäre einer der Sansculotten.»

Zum Glück existiert jenes England, in dem die Königin seit jeher besondere Verehrung genießt und Exzentrizität geradezu als Tugend gilt, hilft es uns doch, über solche beklagenswerte Sitten hinwegzusehen. Kein Wunder also, daß in den dreißiger Jahren ausgerechnet hier die originellste lyrisch-bukolische Veranstaltung aus der Taufe gehoben wurde, die man sich vorstellen kann: die

thanischen Schlosses in der Grafschaft Sussex. Von den Bayreuther Festspielen fasziniert, kam er auf die Idee, sich im Stil des Bayernkönigs Ludwig II. eine private Oper errichten zu lassen, wo er in aller Ruhe seiner Lieblingskünstlerin lauschen konnte – seiner Frau, einer schönen kanadischen Sopranistin. Glyndebourne wurde mit der Zeit eine der Hochburgen der europäischen Oper und gehört – zusammen mit dem Derby Day von Epsom, den Henley-Regatten, dem Royal Ascot und den Tennisturnieren von Wimbledon – zu den englischen Picknick-Veranstaltungen, die den größten Zulauf haben.

Picknick-Oper. Inzwischen schon Tradition geworden, kommen jedes Jahr Hunderte von Menschen nach Glyndebourne, um im Galaanzug auf freiem Feld mitten auf einer Wiese, auf der Kühe und Schafe weiden, zu picknicken und den Opernfestspielen beizuwohnen. Den Grundstein zu diesem ungewöhnlichen Ereignis legte ein wohlhabender Musikliebhaber, dem weder die französische Musik noch der Bordeaux zusagten (nobody's perfect!). John Christie heißt dieser Mann mit den tadellosen Umgangsformen jener Leute, die ihre Ausbildung in Cambridge genossen haben, außerdem Besitzer eines elisabe-

Jedes Jahr im Mai eröffnet das legendäre Glyndebourner Picknick die Saison. Jedermann weiß, daß in Glyndebourne zwar kein Frackzwang herrscht, daß man sich traditionsgemäß aber dennoch im langen Kleid und im Smoking dorthin begibt, egal ob man nun im Bentley eintrifft oder aber mit dem Zug (um die endlosen Warteschlangen am Ein- und Ausgang zu vermeiden), daß man ein Plaid mitnimmt, um sich darauf im Gras niederzulassen, außerdem «pies», Thermosflaschen und den großen Golf-Regenschirm.

Gegen sieben oder acht Uhr abends strömen die Leute aus ihren Logen und ergie-

ßen sich auf den Rasen. Hier werden nun die Weidenkörbe aus dem Hause Asprey ausgepackt, bestückt mit Porzellan aus Limoges; passend zum Geschirr das Innenfutter der Picknickkörbe, auf dem sich die Motive des edlen Porzellans wiederholen. Dann die «Glyndebourne hampers» aus dem Hause Fortnum and Mason, in denen das schottische Wollplaid, die bestickten Servietten, die Kristallgläser, Porzellantassen und -teller sowie die flachen Cognac-

flaschen auf eleganteste Art und Weise untergebracht sind. Schließlich die Köfferchen aus Krokodilleder mit Champagnerflaschen vom besten Jahrgang und ineinander gestapelten Sektschalen darin. In den Schachteln dann die Sandwiches mit Tomaten, Schnittlauch und Gurken, gemischte Salate, Ingwerhühnchen, geräucherter Lachs in Scheiben, Hummer, «cheese-cakes», Erdbeeren mit Schlagsahne, Obstkuchen … Eine warme Speise auf den «Tisch» zu brin-

gen, gilt als ganz besonders chic. Was könnte man sich auch Deprimierenderes vorstellen, als mit einer Scheibe Schinken dazustehen, die geradewegs von Marks and Spencer kommt, wo man sich doch soviel Mühe mit der Kleidung gegeben, den weiten Weg hierher zu diesem total abgelegenen Ort auf dem Land auf sich genommen und das hübscheste Hortensienarrangement besorgt hat, um diese legendäre Pause in vollen Zügen zu genießen! Völlig verpönt in Glynde-

bourne: Leute, die sich gehen lassen und nachlässig in ihrer Kleidung sind, in Cellophan verpackte Sandwiches und Colaflaschen in der Plastiktüte … Und dann gerät mit einem Mal alles durcheinander: Der Opernsaal leert sich, die Rasenflächen bevölkern sich mit kleinen Grüppchen – wie Farbtupfer auf der Wiese verteilt –, wobei die Geschmeide der Ladys mit dem perlenden Champagner in der Sonne um die Wette funkeln (nein, es regnet nicht zwangsläufig den ganzen Mai über in der Grafschaft Sussex). George Christie, der seinen Vater inzwischen abgelöst hat, erinnert sich noch gut an jenen kalifornischen Kritiker, der als Neuling den geheiligten Rasen von Glyndebourne betrat und auf die fatale Idee kam, seine Weinflasche an eine Schnur zu binden und im kühlen Wasser des Sees zu versenken. «Als er sie wieder herausholen wollte, fiel er ins Wasser. Ein Amtsdiener mußte den Pechvogel zum Kostümfundus geleiten, wo sich trockene Kleider fanden: in diesem Fall ein Kostüm aus dem Weißen Ball aus dem letzten Akt von *Eugen Onegin!*» erzählte er in den *Picnic Papers.* In einem anderen Jahr, es war 1976, entschloß sich George Christie, das übliche Zeremoniell zu durchbrechen und ein Zelt aufzustellen: Sämtliche vorhergehenden Festivals waren mehr als feucht ausgefallen (es ist nicht zu verleugnen, es regnet oft in der Grafschaft Sussex). Ob man es nun glaubt oder nicht, es wurde das heißeste und trockenste Glyndebourne Festival aller Zeiten!

Daß die Engländer leidenschaftlich gerne picknicken, ist eine Tatsache. Daß sie begeisterte Sportfans sind, eine andere. Nicht weiter verwunderlich, daß sie mit unübertrefflichem Talent beides – Picknick und Sport – miteinander verbanden.

Zum Beispiel Rugby, nach dem Cricket Nationalsport Nummer zwei. Mindestens viermal im Jahr füllen die Rugby-Anhänger das Stadion von Twickenham bis auf den letzten Rang: beim Finale des England-Pokals, beim Treffen Oxford – Cambridge und vor allem bei den Spielen, in denen die berühmten All Blacks auf dem Rasen erscheinen. An diesen

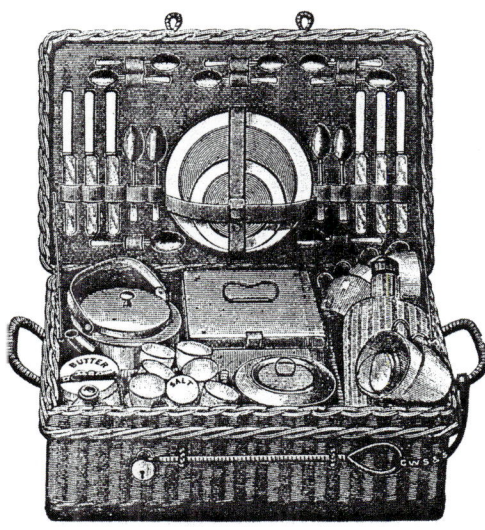

Tagen herrscht ein unbeschreibliches Gedränge auf den Tribünen. Auf der einen Seite das Publikum, das massenweise in Sonderzügen von London gekommen ist (beim Einsteigen in die Züge in Waterloo Station herrscht Volksfeststimmung), auf der anderen die happy few, die sich auf dem besten Parkplatz des Stadions einfinden inmitten von Jaguars und Rolls Royces: Vor dem Match und zur Halbzeit holt man aus dem Kofferraum der edlen Karossen reich bestückte Picknickkörbe, und natürlich fehlt auch nicht der Champagner – in der Kühlbox, wie es sich gehört. «Diese Tradition, in der die Vorliebe der Engländer für den Aufenthalt im Freien und die Begeisterung fürs Picknick zusammenfließen, erreicht im Varsity Match Oxford – Cambridge, eine Art Herbstsalon des Rolls und des Bentley, des Dom Pérignon und des Château Pétrus, den höchsten Grad an Vollkommenheit», erzählt einer von den Stammbesuchern.

Und das dauert immerhin schon ein Jahrhundert. Seit jenem Tag, als ein gewisser Billy Williams im Jahre 1907 einen kümmerlichen, am Ufer eines Nebenflusses der Themse gelegenen, 10 1/4 Morgen großen Gemüsegarten für die Summe von 5572 Pfund, 12 Shilling und 6 Pence erwarb, um daraus den zukünftigen Rugby-Tempel zu machen.

Die Henley-Regatten, das Derby von Epsom und die Pferderennen von Ascot waren bereits im 19. Jahrhundert bevorzugte Orte, an denen Anhänger der Mahlzeit «al fresco» ihrer Leidenschaft frönen konnten, wobei eine kaum merkliche, dennoch stets vorhandene Grenze zwischen jenen, die ihr Sandwich mit einem Bier hinunterspülten und jenen, die zum Champagner das edle Fleisch der Languste verspeisten, bestand. Noch heute ist der Rasen von Epsom am Derby Day das beste «Schaufenster» der erstklassigen Hersteller aus der Savile Row (dort hat man soeben seinen morning coat – den Cut – und den top hat – den Zylinder – dazu erstanden, unentbehrlich für diese sportlich-mondänen Veranstaltungen). Unter unwahrscheinlichen Phantasiegebilden von Hüten, in extravaganten fließenden Roben, auf Schuhen mit Pfennigabsätzen balancierend, knabbern die hübschen Frauen behutsam an ihren «crumbles» mit Sahne. Nichts oder beinahe nichts hat sich seit dieser Beschreibung eines Reisenden geändert, die er uns von einem Rennsonntag in Ascot gegen Ende des 19. Jahrhunderts gibt: «Wir stiegen aus dem Auto und schlenderten zuerst ein

Derby Day, *William Powell Frith, 1856.*

Abbildung unten. Der neue «Continental Tea basket» bietet auch beim Picknick den gewohnten Komfort für die «tea-time». Katalog von Harrods, 1895.

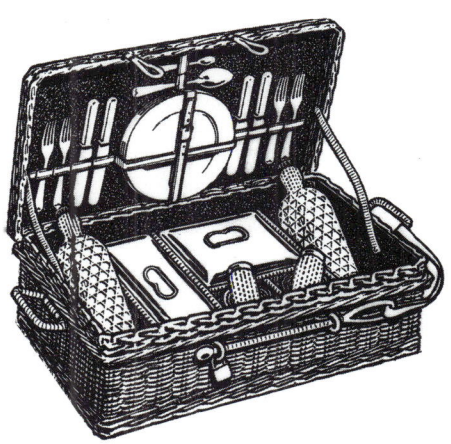

wenig im Treibsand herum, der übersät war mit fahlgelben Gräsern und verkrüppelten Ginstersträuchern. Ein Stück weiter sah man ein Lager aus zwei- oder dreihundert Zelten aus grauem Stoff. Schenken, Küchen, Tanzsäle, Schuppen und vor allem die Ställe für die Pferde der Equipagen –insgesamt mehrere tausend –, all das war in der Zeltstadt untergebracht. Diese perfekt eingerichteten Pferdeställe, in denen 60 bis 100 Pferde in einer Reihe aufgestellt werden konnten, verliehen dem Fest einen beinahe militärischen Charakter. Andererseits hatte das Ganze jedoch etwas von der Atmosphäre eines prall-deftigen Volksfestes an sich mit der Vielzahl von volkstümlichen Tanzlokalen, den Betrunkenen allenthalben, den Grillgeräten im Freien und den Mädchen, die zu den Klängen einer krächzenden Fiedel oder eines Dudelsacks tanzten. Nur ein paar Schritte weiter wandelte sich das Bild, Aristokraten beherrschten das Feld:

Dicht aneinander gedrängt, in vier Reihen, Landauer, Karossen und Kutschen aller Art, offene, schmucke, mit Wappen verzierte Gefährte, die den Familien als Estrade dienten und ganze Schwärme von hübschen, wunderschön herausgeputzten Frauen mit sich führten. Nahe beim Absperrseil und in der Arena vergnügte sich das einfache Volk. Die Menschenmenge wogte hin und her, Schreie, Lachen, alles war in Bewegung. Dann, für Momente, vermischte sich alles. Die Equipagen wurden zu Speisesälen, die königlichen Peeresses schlürften ihren Champagner im Freien, nur durch wenige Schritte von den Proletariern getrennt, die ihr Ale schäumen ließen und sich den Bauch mit Fischen, Gebratenem und Ochs vom Spieß vollschlugen.» Die königliche Familie nahm an diesem Spiel teil, verhehlte jedoch nicht, daß sie die Picknicks im kleinen, feinen Kreis im Buckingham-Palast bei weitem vorzog. «Das Dienstpersonal war von diesen

Pferderennen in Epsom im Jahre 1929. Beim Derby und bei den großen Kricket-Matchs interessierten sich die Zuschauer manchmal mehr für das, was auf den Tribünen oder dem Rasen vor sich ging, als für die Leistungen der Pferde oder der Sportler auf der Rennbahn beziehungsweise auf dem Spielfeld.

*Nebenstehendes Bild.
Der Prinz von Wales
bei den Pferderennen.*

*Bild unten. Das Mill-
workers national am
7. Mai 1955.*

Picknicks auch nicht gerade begeistert: Immer fehlte irgend etwas, und die Diener verbrachten ihre Zeit damit, zwischen dem Ort des Picknicks und dem Palast hin und her zu spurten», erzählt Bertrand Meyer. Bei solchen Gelegenheiten leisteten die prunkvollen «Nécessaires», die feinen, kleinen Köfferchen, gute Dienste. Das Tafelsilber darin stand in nichts dem Geschirr nach, das üblicherweise im Buckingham-Palast benutzt wurde. «Der Kaffee wurde in einer Silberkanne serviert (zum Teufel mit den Thermoskannen!) und mit einem kleinen Rechaud warmgehalten. Einmal geschah es, daß ein Diener, der der Prinzessin Margret Kaffee einschenken wollte, nicht bemerkt hatte, daß die Kaffeekanne am Rechaud hängengeblieben war. Als der Unglückliche den Kaffee eingoß, fiel das Gerät auf die Serviette der Prinzessin und setzte sie in Brand …» Wenn man den Worten des Autors Glauben schenken darf, der uns von diesem königlichen Zwischenfall berichtet, soll die Königin ausgerufen haben: «Oh! Sehen Sie nur, er will Margret flambieren …»

Weiter östlich, in Polen, gab es eine alte Tradition, die des «Kulig» (Schlittenpartie): Dabei konnten die Nachbarn ohne jegliche Vorankündigung bei einem auftauchen und so etwas Ähnliches wie ein Picknick veranstalten, das mit zunehmender Dauer immer verrückter wurde. «Kulig» – dieses Wort klingt in unseren Ohren ein bißchen wie die Rufe der Jäger bei der Treibjagd. Ein kleines, ziemlich «barbarisches» Wort, Synonym für wilde Schlittenfahrten im Schnee und Schlemmereien ohne Ende. «Es scheint ein alter Brauch in Ihrem Land zu sein, anläßlich eines Kulig in die Anwesen des einen oder anderen einzufallen. Man hatte mich davon in Kenntnis gesetzt,

damit ich das Haus in Ordnung bringen und Vorsorge für das Essen treffen konnte», erklärt einer der Protagonisten in *Trans-Atlantik* von Witold Gombrowicz.

Man stelle sich einmal vor, eine Schar von Freunden beschlösse, im Dezember, wenn das ganze Land unter einem dicken weißen Schneeteppich liegt, einen Kulig zu veranstalten. Selbstverständlich ist hier die Rede von jener Epoche, in der die Zaren noch in Amt und Würden und die Fürsten Czatoryski und Poniatowski Herren über ausgedehnte Ländereien waren. Einige Tage vor dem geplanten Termin bestellte man in der Küche «Bigos», die überaus üppige polnische Variante des Sauerkrauts, das man in einem Kessel mitnehmen würde. Am festgesetzten Tag wurde der Schlitten angespannt, man selbst hüllte sich in warmes Bärenfell ein, mehrere Schichten übereinander. Dann begann die wilde Fahrt. Ein erster Halt in einem der benachbarten Landgüter, wo man ordentlich Wodka trank, um sich zu erwärmen. Dann ging es weiter, zusammen mit neuen Gästen, zugleich Konkurrenten in einer zweiten wilden Jagd. Schließlich, inzwischen war es Nacht, konnte der Kulig beim einen oder anderen enden oder aber auch mitten im Wald, wo man ein großes Feuer anzündete, um die «Bigos» warmzumachen und dann bei Kerzenlicht im Schnee ein Picknick zu veranstalten ... Wie bei allen Geschichten, die sich ums Picknick drehen, ist es auch hier der unvorhergesehene Zwischenfall, der dem vergangenen Geschehen ein besonderes Kolorit verleiht. Mira, eine nach Paris emigrierte Polin, hat die Kuligs ihrer Kindheit in lebhafter Erinnerung. Einmal nahm sie dabei eine Flasche Champagner mit, die sie am Boden des Schlittens deponiert hatte, bevor sie sich in warme Pelze einhüllte. Fataler Irrtum, denn der Schlittenboden bestand, wie üblich, aus dicken, ziemlich weit auseinanderliegenden Brettern. Die Flasche blieb also am Ausgangspunkt der Fahrt zurück, wo man sie im Frühjahr darauf (fast) unversehrt wiederfand.

Bisweilen führt die Tradition, aus einer gewissen Notwendigkeit heraus, zu Familien-Picknicks, bei denen zwischen 200 und 2000 Menschen zusammenkommen. In Frankreich und in Kanada bieten diese gelegentlichen Treffen die Möglichkeit, all die Familienmitglieder wiederzusehen, die man völlig aus den Augen verloren hatte. Wie anders kann man solche Riesenfamilien an einem Ort zusammenführen als bei einem gigantischen Picknick auf einem Feld oder dem Rasen eines großen Anwesens? Die unerschrockenen Organisatoren eines solchen Treffens von Cousins und Cousinen planen natürlich auch eine Reihe von Spielen ein, damit vor und nach dem Picknick keine Langeweile aufkommt. Manchmal lassen sie sogar eine Messe lesen, um für dies ländliche Familientreffen den Segen zu erbitten. Der Schluß- und Höhepunkt eines solchen Festes war in der Regel ein großer Ball.

In Frankreich haben sich die wahrhaft großen Picknick-Veranstaltungen erst seit den Zeiten des «Gratin du panier» (in etwa: der Picknickkorb der Hautevolée) wieder so recht eingebürgert und jene altmodisch angehauchte, leicht verstaubte Eleganz erreicht, wie man sie von den großen Mahlzeiten im Grünen in Ascot her gewöhnt ist. Mitte der 80er Jahre fiel den Stammbesuchern des Prix de Diane, herausragendes Ereignis der Pferdesport-Saison, eine Gruppe von piekfein angezogenen jungen Leuten auf, die auf dem Rasen von Chantilly unter Bäumen saßen, Champagner tranken und dazu Gänseleberpastete verspeisten: altmodische Weidenkörbe – Überbleibsel der Hochzeitsgeschenke ihrer Eltern –, große weiße Tischtücher, schimmerndes Silberbesteck und Kristall. Die Blumen auf den Hüten der jungen Damen, die Früchte in den Schalen, die Herren im Cut und Zylinder – alles war da. Bernard de Chevigny, der dieses ungewöhnliche Picknick organisiert und inszeniert hatte, das unter dem Namen «Gratin du panier» (mit Titelschutz, bitte schön) Berühmtheit erlangte, hatte nichts von den Frühjahrs-Picknicks in England vergessen, die ihn begeistert hatten, als er jenseits des Ärmelkanals studierte. Und als das Haus Hermès von Revlon Insignien und Schirmherrschaft über den Prix de Diane übernahm, nahm

Elegante Ensembles für das sommerliche Picknick, 1925.

es der «Gratin du panier» in sein Programm auf. Gespannwettbewerbe, Picknickwettbewerbe ..., eines folgte auf das andere.

Zum Schluß noch das Allerneueste an Pariser Picknick-Chic: das «Dîner en blanc» (Mahlzeit in Weiß). Oberstes Gebot: Alles, aber auch alles muß weiß sein. Kleider, Schmuck, Tafelservice, Tischtuch, Kerzen, die Stühle, die jeder selber mitbringen muß, Bridgetisch und wohlgefüllter Picknickkorb fürs Tête-à-tête, wobei Tête-à-tête nicht im üblichen Sinn verstanden werden darf, also mit dem Partner, mit dem man zum Fest gekommen ist. Denn die Männer, die alle auf der einen Seite des Tisches aufgereiht sind, und die Frauen auf der anderen, sie alle rutschen auf ein Pfeifensignal hin um einen Tisch weiter nach rechts. Zugegebenermaßen eine ziemlich originelle Art, das Picknick des Nachbarn zu verspeisen, der wiederum das Ihre verzehrt! Aber auch eine liebenswürdig-subversive Art und Weise, sich zumindest für einige Stunden wieder «den öffentlichen Bereich» anzueignen. Paris gehört nicht mehr dem Volk, es gehört der Verwaltung und der Polizeipräfektur. Und offiziell darf sich hier niemand zu mehr als drei Personen versammeln, ohne vorher die amtliche Erlaubnis für die Organisation dessen einzuholen, was sich in der Beamtensprache «Demonstration» nennt. Die Gäste des weißen Picknicks, die nun ganz und gar nicht der Meinung sind, ihr Treffen im Freien habe etwas mit «demonstrieren» oder «Demonstration» zu tun, hüllen sich aus verständlichen Gründen in Schweigen und halten ihre Treffen streng geheim. Alle sind sie Freunde von Freunden von Freunden. Beim ersten Picknick im Jahre 1988 waren es ein paar Dutzend – heute sind es mehr als tausend! Sie kommen aus allen Teilen Frankreichs, aber auch aus anderen Ländern Europas zum Treffpunkt, der bis zum letzten Moment geheimgehalten wird. Es ist weiß Gott keine Kleinigkeit, den wachsamen Augen der Polizei zu entwischen oder aber sich mit den Behörden zu arrangieren, wenn man zu tausend ist! Offiziell gibt es keinen Organisator. Aber welche Organisation! Jeder kennt

vorher schon genauestens seinen Platz. Die Gesamtheit der Tische bildet jeweils eine wunderschöne geometrische Form: Viereck, Raute, Kreis, Sonne ... Und alles muß innerhalb weniger Minuten aus- und wieder eingepackt werden können.

Nachdem sie «wild», also unerlaubt, das heißt eher auf sehr elegante Weise, den Rasen von Bagatelle (an der Waldseite) eingenommen hatten, nachdem sie zugunsten des Champ-de-Mars von der Esplanade der Invalides vertrieben worden waren, stahlen sich unsere Invasoren auf den Pont des Arts, wo die

Bereitschaftspolizei in Helmen Anstalten traf, «à mettre dans le panier à salade les couverts, les couteaux et les fourchettes» (Teller, Messer und Gabeln in den «Salatkorb», sprich die grüne Minna zu verladen), erinnert sich einer der Teilnehmer. Als sie bei ihrer Ankunft jedoch von Hornbläsern und lautem Hipphipphurra empfangen wurden, verharrten sie in lächerlicher Konfrontation so lange, bis zwölf Schläge vom Glockenturm Mitternacht anzeigten. Und wie mit einem Zauberschlag verflüchtigte sich – wie geplant – genau in diesem Moment der Zauber des «dîner en blanc» auf dem Pont des Arts ...

Vom Luxus des Überflüssigen: Die Nécessaires

«Im Winter wünscht man sich die Sonne, aber auch den Boulevard und den Bois. Im Sommer möchte man den leichten Seewind, aber nicht ohne den Bois und den Boulevard …», spöttelte Bertall im Jahre 1876.

Im Zweiten Kaiserreich hatten die Franzosen ihre Liebe zum Land entdeckt. Während der Dritten Republik war es das Meer, das sie magisch anzog.

Die Sommer gegen Ende des 19. Jahrhunderts waren auf jeden Fall jodhaltig. Die Eisenbahn entthronte die unbequeme und nicht ungefährliche Postkutsche, und die ersten «trains de plaisir» (in etwa: Ausflugszüge) rückten die Seebäder Dieppe und Trouville sozusagen vor die Tore der Hauptstadt. Die Prominenz von Paris, die auf dem Boulevard sang, durch den Bois de Boulogne stolzierte und auf den Champs-Elysées tanzte, folgte der Kaiserin Eugénie de Montijo an die baskische Küste und dem Herzog Charles de Morny auf die Planken von Deauville. Die wohlhabenden Bürger leisteten sich am Ärmelkanal oder am Atlantik große Villen, und das gesellschaftliche Leben von Paris wurde im Sommer ans Meer verlegt. Der allgemeine Aufbruch in die Ferien kam wahren Expeditionen gleich, denen in den gutbürgerlichen Familien ausgedehnte Vorbereitungen vorangegangen waren. Als erstes mußte man die Fahrt überstehen: «Die Buffets unterwegs boten alle dasselbe an. Dieselbe glühend heiße Bouillon in denselben Schalen, dasselbe Rinderfilet auf demselben Püree thronend, dieselbe kleine Weinkaraffe …», beklagte sich Bertall. Dieser humorvolle Chronist warf einen ernüchterten Blick auf die Fortschritte, die die Geschwindigkeit gebracht hatte und die letztlich dazu führen würden, daß der moderne Mensch wie ein ganz gewöhnliches Gepäckstück, eingezwängt in irgendeinen Gepäckraum, reisen wird: «Er fährt weiter, aber er sieht weniger. Das gleicht sich aus. Einst begab man sich auf Reisen, und unterwegs hatte man Muße, zu sehen und zu beobachten. Heute dagegen fährt man ab und man kommt an …»

Lange ist es her, daß man mit dem Pferdegespann von Paris nach Dieppe an die zwölf Stunden brauchte. Seit dem Beginn des Zweiten Kaiserreichs brauchte man dank der Eisenbahn nicht mal mehr vier Stunden für diese Strecke. Der Krieg von 1870 war vorbei, aber im Monat August hatte man auf den Bahnsteigen bisweilen das fatale Gefühl, einer Massenauswanderung beizuwohnen. Eine buntgemischte Menschenmenge stürmte, behindert durch eine Unmenge von Gepäck und Körben voll mit Lebensmitteln, die Zugabteile: «Zu den großen Gepäckstücken kam noch das Handgepäck. Ich sehe all das Gepäck vor mir, das meine Mutter zwei oder drei Tage vor unserer Abreise im Vorzimmer aufgestapelt hatte: riesige ‹Würste› aus grauem Stoff, von ihren geschickten Händen mit Petit-point-Stickerei verziert. In diese großen, äußerst bequemen Reisesäcke schichtete sie alles, was wir ihrer Meinung nach während der Reise brauchten, um selbst für die unwahrscheinlichsten Zwischenfälle gewappnet zu sein … Man führte soviel Eßvorräte mit sich,

Eleganz in Ascot, Juni 1923.

Diese schönen Reisenden des 19. Jahrhunderts scheinen alles dabeizuhaben, was man braucht. Seinerzeit glichen die Reisewagen manchmal Häusern auf Rädern. Überall

Taschen und Täschchen für Keks, Handarbeiten, Fläschchen mit Riechsalz, Bücher, Parfums, Blumen … Travelling companions, Augustus Leopold Egg (1816–1863).

Koffer war zum Bersten voll. Wie abscheulich schmeckte doch dieses «eau rougie», das Wasser mit einem Schuß Rotwein darin, lauwarm und schal; anstatt unseren Durst zu lindern, machte es ihn nur noch größer …», erinnert sich Robert Burnand. Wenn man das Abteil mal in Besitz genommen hatte, richtete sich die Familie häuslich ein, das heißt, sie breitete sich aus. Die kleinen Kissen für die Füße wurden herausgeholt, dann die Stoffe mit leichtem Lavendelgeruch,

wickelte man Hühnerschenkel und Braten vom Vorabend. Weil all dies nicht nur die Finger verklebte, sondern auch den Magen zukleisterte, war es Kindern und Frauen erlaubt – damit es besser hinunterrutschte –, dieses widerliche Wasser mit dem Schluck Rotwein zu trinken. Die Männer dämmerten hinter ihrer Zeitung vor sich hin, die Frauen widmeten sich ihrer Stickerei, die lieben Kleinen langweilten sich, wenn ihnen nicht gerade übel war – kein

78

Wunder bei den schlecht gefederten Eisenbahnwaggons und dem widerlichen Geruch vom Dampf der Lokomotive.

Die Kindheiterinnerungen von Tristan Bernard veranschaulichen wunderbar diese endlosen Eisenbahn-Unternehmungen, bei denen man – nachdem sich all die Aufregungen der Abfahrt gelegt hatten –, eingesperrt in einen ungewohnt engen Raum, bis zur Ankunft durchhalten mußte: «Das einzig Unterhaltsame war das Essen. Man aß harte Eier, deren strahlendes Weiß beim Abpellen zunehmend ins Schwärzliche überging. Dann kalten, fetten Kalbsbraten, dessen Fett die schmutzigen Finger mit einer dicken Schicht überzog, so daß der Kohlenstaub daran klebenblieb …» Fröhliche Stimmung. «Welche Erleichterung, wenn man endlich am Bestimmungsort ankam, aber auch hier erwartete einen noch Unangenehmes, mußte man sich doch erst mal waschen; schließlich konnte man nicht schwarz wie ein Kaffer im Hotel-Restaurant auftauchen.» Für Herren, die aus geschäftlichen oder sonstigen (man erahne aus welchen!) Gründen während der Woche in Paris zurückbleiben mußten, hatte die Eisenbahngesellschaft den «gelben Zug» eingesetzt, auch «Zug der Ehemänner» genannt. Am Samstagabend fuhr er von Paris ab Richtung Meer, Montagmorgen brachte er die Herren wieder in die Hauptstadt zurück, genau zu der Stunde, in der der Palais Brongniart seine Pforten öffnete.

Gewiß, die Eisenbahn bedeutete im Vergleich zu dem mehr als bescheidenen Komfort der Postkutschen von einst, einen entscheidenden Fortschritt. Dennoch hatte auch das seine Schattenseiten. Selbst dann, wenn das einfache Volk von Paris, Leute, die nur einen einzigen freien Tag pro Woche hatten, dank der Ausflugszüge endlich mal aus der gewohnten Umgebung der Vorstädte herauskommen und ans Meer fahren konnten. In seiner amüsanten *Histoire des vacances* (Geschichte der Ferien) zitiert Patrice Boussel aus den regelmäßig erschienenen Rubriken der Zeitschrift *L'Illustration,* in denen, mit einem Abstand von einem Jahrhundert, der erste Urlauberansturm auf die Strände des Ärmelkanals und der Halbinsel Cotentin geschildert wird: «Gegen Abend, nachdem die Leute gebadet hatten, war die Uferböschung voll mit Eßwaren und Essenden. Jeder hatte sich etwas mitgebracht, der eine Pastete, der andere kalten Kalbsbraten, und alle hatten sie Hunger vom Schwimmen und der frischen Seeluft; so wurde man Zeuge eines geradezu universellen Picknicks.»

Erst um die Jahrhundertwende wandelten sich diese «Nomaden»-Picknicks allmählich und nahmen eine gepflegtere Gestalt an, um in der versnobten Eleganz der Belle Epoque ihren absoluten Höhe-

punkt zu erreichen. Mitte des 19. Jahrhunderts hatte die Eisenbahn die Postkutsche entthront, die Pferde auf die Weide geschickt und die Postmeister ruiniert. Mit dem Beginn des 20. Jahrhunderts brach das Zeitalter des Automobils an, und die großen Kofferhersteller und Sattler beiderseits des Ärmelkanals machten

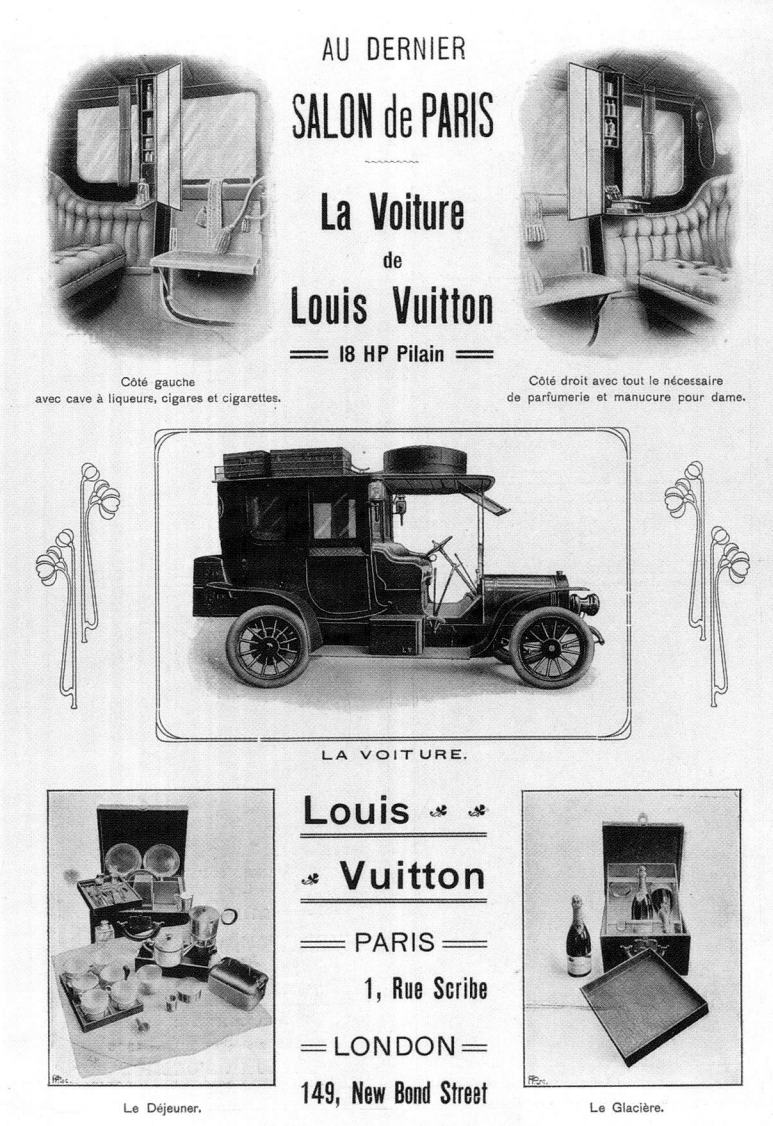

AU DERNIER

SALON de PARIS

La Voiture

de

Louis Vuitton

=== 18 HP Pilain ===

Côté gauche
avec cave à liqueurs, cigares et cigarettes.

Côté droit avec tout le nécessaire
de parfumerie et manucure pour dame.

LA VOITURE.

Louis ❧ ❧

❧ Vuitton

=== PARIS ===

1, Rue Scribe

=== LONDON ===

149, New Bond Street

Le Déjeuner.

Le Glacière.

zu jener Zeit ein Vermögen. Einer von ihnen, nicht gerade der Geringste, Georges Vuitton, gehörte zu den Männern der ersten Stunde, als im Jahr 1894 auf der Strecke Paris – Rouen das erste Autorennen stattfand: 120 Kilometer höllische Fahrt über Schotterstraßen. Es starteten 40 Verrückte in seltsamen vierrädrigen Maschinen mit elektrischem Antrieb, mit Druckluft-, ja sogar mit Feder-

antrieb, vor allem aber mit Dampfantrieb, insgesamt 28 Fahrzeuge. Eines von diesen, meisterhaft gefahren von Albert de Dion und Georges Bouton, trug mit dem phantastischen Schnitt von 17,78 km/h den Sieg davon. Die Leidenschaft des Menschen für das Automobil begann Gestalt anzunehmen. Noch ahnte niemand, daß das Auto das Leben des Menschen grundlegend verändern würde. Niemand außer dem jungen Georges Vuitton …

Nun waren es bereits zwei Jahre her, daß er nach dem Tod seines Vaters Louis, dessen Unternehmensgeist er geerbt hatte, die Zügel des Familienunternehmens in die Hand genommen hatte. Von einem langen Aufenthalt in England im Alter von 14 Jahren und von seiner Lektüre – Jules Verne an der Spitze – hatte er sich die Lust am Reisen bewahrt und vor allem auch nicht die Faszination vergessen, die dieser Held des Fin-de-siècle, wie ihn der Weltenbummler repräsentiert, auf den Menschen ausübt: eine abenteuerliche Gestalt, zugleich ein feinsinniger Mensch, der mit allen nur erdenklichen Fortbewegungsmitteln rund

um die Welt reise. Als Georges Vuitton 18 Jahre alt war, tauchte eines Tages in den Werkstätten in Asnières ein junger Forschungsreisender auf, der im Begriff war, nach Afrika zu gehen: Pierre Savorgnan de Brazza. Für ihn entwickelte Georges' Vater Louis Vuitton «einen großen, aber immer noch handlichen Koffer mit einem beweglichen, zusammenklappbaren Rahmen aus Holz und Metall darin; auf den Rahmen war eine aus Stoff gefertigte, genau auf die Größe des Forschers abgestimmte Matratzenauflage gespannt, auf der eine flache, aber dennoch außerordentlich bequeme Matratze auflag». Lange Jahre hindurch war dieses «Koffer-Bett» der einzige Luxus des Afrika-Forschers. Es folgten, im selben Geist konzipiert, die «Koffer-Schränke», innen mit Leder verkleidet, handgenäht, oder aber mit gewürfeltem Stoff; im Schrank war eine Vorrichtung zum Kleideraufhängen angebracht, außerdem gab es Schubfächer, damit man unterwegs nicht bei jedem Halt alles auspacken mußte. Einige der Koffer-Schränke wurden sogar aus dem Holz des Kampferbaumes gefertigt. Sie waren

für jene Reisenden bestimmt, die in die Kolonien aufbrachen, und sollten der Gefräßigkeit der lästigen kleinen Tierchen standhalten, die man dort nun einmal antraf. Anläßlich des Umzugs der Londoner Filiale gegenüber von Charing Cross Station im Jahre 1892 wurde in den Werkstätten von Asnières eine ganze Kollektion von «paniers déjeuner» (Picknickkörben) entwickelt, wobei das Gedeck darin extra dafür von Christofle hergestellt worden war. Verkaufspreis: ab 55 Shilling.

Kurz nach dem berühmt-berüchtigten Autorennen Paris – Rouen wurde Georges Vuitton plötzlich klar, daß das Automobil zu tiefgreifenden Veränderungen in Sitten und Gebräuchen der Menschen führen würde. Soeben hatte er *Le Voyage*

(Die Reise) veröffentlicht, eine historische Studie über das Reisen seit der Antike. Nun widmete er sich voll und ganz einer anderen Aufgabe: Bis ins kleinste Detail malte er sich alle Raffinessen aus, die er dem Reisenden des 20. Jahrhunderts schmackhaft machen könnte, eines Jahrhunderts, das ganz ohne Zweifel unter dem Zeichen der Geschwindigkeit stand. Und des Automobils ... Seit 1897 war er mit der Entwicklung und Ausarbeitung des Prototyps eines Autokoffers befaßt, für den sich anfangs nur einige wenige Privilegierte interessierten, die sich einen Panhard und Levassor oder einen elektrischen Jeantaud leisten konnten. Innerhalb von nur zehn Jahren vollzog das

Das 1909 von Kellner und Vuitton kreierte «camping gadget vehicle» (Bild oben) war ein seltenes Juwel. Angefangen vom «Eßzimmer» bis zum Schlafzimmer (für zwei Personen und einen Gast auf dem verstärkten Dach!) war alles im Handumdrehen entfaltet und auch wieder zusammengefaltet und -geklappt, und jedes einzelne Teil hatte zwischen den Koffern und Hutschachteln Platz, wobei letztere bisweilen sogar als Duschwanne dienten ...

Auto den Übergang von der Steinzeit zur Bronzezeit, parallel dazu wurde der Autokoffer von Vuitton immer ausgeklügelter und erlesener. Georges Vuitton, der eng mit den großen Autokonstrukteuren zusammenarbeitete, verstand es, das Nützliche mit dem Angenehmen zu verbinden, seine Kreationen erprobte er jeweils an seinem eigenen Auto, das W. S. Hogan und Georges Kellner extra für ihn entworfen hatten – den H.K.V. Das Resultat: ein Meisterwerk einsamer Klasse.

Aber nehmen Sie doch in dieser eleganten Limousine Platz – Clou des letzten Pariser Autosalons. Wir haben das Jahr 1909. Madame fährt in Ferien, Reiseziel: die Küste der Normandie. Ihre gesamte Garderobe, mit der sie diesen Sommer auf den Planken von Deauville und abends im Casino glänzen würde, hatte sie in Koffern mit herunterklappbarem Vorderteil untergebracht, die natürlich auch eine ganze Reihe von Kleiderbügeln enthielten. Dank der «Vuittonite», eines wasserdichten, aus einem Stück gefertigten Stoffes, der die Außenhaut der Koffer bildete, konnten weder Staub noch Unbilden der Witterung dem eleganten Reisegepäck etwas anhaben.

Während Madame auf den havannabraunen Ledersitzkissen Platz nimmt, scharwenzelt Monsieur geschäftig um sie herum. Wie wäre es mit einem winzigen Schluck Porto? Er beugt sich vor und holt aus dem Likörschränkchen eine Kri-

stallkaraffe und Gläser, in die die Initialen L.V. eingraviert sind. Oder wäre ihr vielleicht ein Glas eisgekühlter Champagner lieber? Die Kühlbox, unter dem Fahrersitz untergebracht, ist in Reichweite und bietet Platz für drei Flaschen. Gegenüber dem Likörschränkchen befindet sich der Spiegelschrank mit dreiteiligem Spiegel und komplettem Kos-

TABLE PLIANTE VUITTON

CETTE table, d'un diamètre de 90 centimètres, se démonte et prend un espace très minime. Son poids insignifiant permet de l'emporter très facilement.

Übrigens sind wir hier in Bourg-Saint-Léonard. Einst hatte Marie-Antoinette hier in fröhlicher Gesellschaft ein festliches Mahl auf dem Rasen eingenommen. Und hier sehen wir die schattigen Alleen von Haras du Pin, ein Werk des genialen Gartenarchitekten Le Nôtre. Ein Wink für die Reisenden, dem Motor ihres H.K.V. eine kleine Pause zu gönnen und einen Imbiß im Grünen einzunehmen ... Der Chauffeur eilt herbei, öffnet das Köfferchen, das als Fußstütze dient, entrollt die Plaids aus reiner Shetlandwolle und stellt im Handumdrehen den Klapptisch auf – in geschlossenem Zustand braucht er kaum mehr Platz als der Regenschirm eines Schäfers. Das Silberbesteck, das Porzellangeschirr, die weißen Leinenservietten, speziell für das Haus Vuitton gewebt und mit Monogramm versehen – alles wird höchsten Ansprüchen gerecht. Madame, die sich sicherlich die Hände gewaschen und das Gesicht etwas erfrischt hat –, dank eines kleinen Waschbeckens, das an der hinteren Autotüre untergebracht ist und ursprünglich für den Chauffeur gedacht war, der nicht umhin konnte, sich des öfteren die Hände am Motor schmutzig zu machen, ist all das kein Problem –, nimmt ihren Reisesack von einem Haken; die große Taschenuhr, die an der Seite am Sack befestigt ist, zeigt an, daß es Zeit ist, sich zu stärken. Und wenn es ihr plötzlich in den Sinn käme, den Hut zu wechseln, stünde auch dem nichts im Wege. Monsieur bräuchte keineswegs

Aus der neuesten Kollektion von Vuitton: mit Alcantara gefütterter Picknickkoffer aus schwarzem Leder mit Porzellangeschirr und Silberbesteck.

metikr écessaire. Und dieses Kästchen, das neben der Kühlbox untergebracht ist, enthält alles, was man für den gepflegten Teegenuß braucht – jedes Detail ein Meisterwerk! Genauso wie bei dem Picknickkoffer, der unter dem Vordersitz verstaut ist, ist auch hier alles auf geschickteste, ja geradezu geniale Weise auf engstem Raum untergebracht.

LAVABO LOUIS VUITTON

PLUS de mains douteuses après le voyage! Et quand bien même ce lavabo ne pourrait pas servir aux Maîtres, n'est-il pas plus utile encore pour le chauffeur?

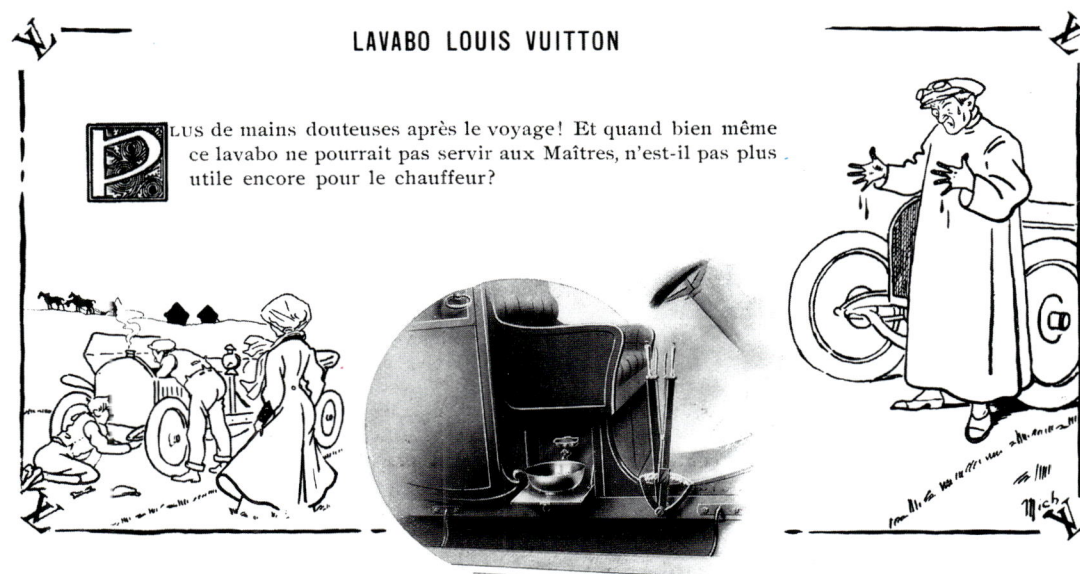

die ausgeklügelte Anordnung des Gepäcks auf dem Autodach durcheinanderzubringen; der berühmte «sac chauffeur», der dazu bestimmt war, das Reserverad schützend zu umhüllen, war mühelos zugänglich und so konstruiert, daß in dessen Inneren, in der Höhlung des Reifens, ein zweiter Sack Platz fand, in dem man Hüte oder andere Kleidungsstücke unterbringen konnte! Er war absolut wasserdicht, nach Versicherung des Herstellers konnte er bei Bedarf ohne weiteres als Wanne für eine Dusche im Freien dienen! Aber da kommen unter lautem Gelächter zwei Rad-

*1927: Das Wetter
änderte nichts daran.
Diese Jahre waren weiß
Gott verrückt genug, um
aus einem Picknick im
Regen den vergnügte-
sten, freudesprühendsten
Halt im Freien auf dem
Land zu machen, den
man sich vorstellen
konnte! Simone, Bibi,
Marie und Albert Volf
auf einem Foto von
Jacques-Henri Lartigue.*

*Abbildung links unten:
«Nécessaire» von
Vuitton.*

fahrer aus einer Allee herausgeradelt.
Während er mit ungeschickter Geste
seine «Kreissäge» festzuhalten versucht,
enthüllt sie unter einem Wirbel von
Unterröcken, aufgebläht vom leichten
Wind, zarte schlanke Fesseln, eingebet-
tet in Schnürstiefeletten aus weichem
Leder. Genüßlich zwirbelt Monsieur
sein Bärtchen und trällert vor sich hin:
In Hosen, werden Sie mir sagen
Fährt sich viel besser Rad.
Kann sein, ich aber mein':
Ohne dieses Froufrou-Röckeraschel
Ist eine Frau doch niemals Frau.
Wenn man sie so am Rade sieht
In Hosen weit und zugeschnürt,

Ist man als Mann ganz irritiert.
So sag' ich: Froufrou, froufrou
Raschle Röckchen, raschle ungestört
Mit deinem Rascheln hast du
Noch jedes Mannes Herz betört …
Zur Stunde der Siesta sehen wir Madame
in lässiger Haltung auf dem Plaid ausge-
streckt, den Kopf zärtlich an die Schulter
von Monsieur gebettet, so gleitet sie in
ihre Träume, begleitet vom frühlingshaf-
ten Gezwitscher der Vögel des Waldes:
Nächstes Jahr müßte man noch vor dem
Sommer das Auto wechseln, um solche
Pausen voller Ruhe und Einfachheit
noch mehr genießen zu können, und vor
allem diese wiedergefundene Intimität

Das erste Picknick im Frühling, England im Jahr 1920. Ob man nun zu viert oder zu vierzig am Ufer eines Sees oder am Rand einer Straße Halt machte – es war auf jeden Fall besser, zuviel dabeizuhaben als zu wenig. Und das Wichtigste: den Korkenzieher nicht vergessen!

… Sie würden den J.P.V. kaufen, ein kleines Kabriolett, das sich die Zwillinge Vuitton haben einfallen lassen, Jean und Pierre. Ein echtes Schmuckstück. Chauffeur bräuchte man bei diesem Auto keinen. Man könnte als Liebespaar reisen. Im rückwärtigen Teil des Autos war, zwischen Kofferraum und Benzintank, gerade genug Platz für einen großen Kleiderkoffer; auf den Trittbrettern waren Werkzeugkasten und Ersatzteile befestigt, um für eine eventuelle Panne gewappnet zu sein; vor allem aber war

im Fond die klein zusammengerollte Campingausrüstung untergebracht: ein echtes Zelt, zwei Betten, zwei Stühle, ein Klapptisch und zwei Schlafsäcke – aus Kamelhaar, versteht sich! Sie sieht schon alles vor sich: Ganz wie in ihrer Kindheit kann sie mit dem Puppengeschirr spielen, diesmal aber wird sie selber den Tisch decken und die Kerzen anzünden. Und es würde Hasenterrine geben, Hühnerbrüstchen und einen Salat, den sie selber anmachen würde, war doch in ihrem Picknickköfferchen alles vorhanden, was man dafür brauchte, außerdem ein zerlegbarer Kocher für den Frühstückskaffee; kalten Kaffee konnte sie nun mal überhaupt nicht ausstehen … Und wenn sie mal ein bißchen beschwipst waren – selbstverständlich würden sie nur Champagner trinken –, würden sie sich schlafen legen, sie würde das kleine Waschbecken aufklappen, das unten in eine der Autotüren eingebettet war, um sich schnell ein bißchen frischzumachen, während Monsieur sich der Insektenjagd widmen würde, damit sie die sternklare Nacht ungestört genießen könnten.

Monsieur, durch den Aufenthalt in der Natur etwas gesprächiger geworden als üblich, bricht plötzlich in die Träumereien seiner Frau ein. Eine Gruppe von Reitern ließ aus den Tiefen seines Gedächtnisses die Erinnerung an weit zurückliegende ausgelassene Festessen auf dem Land auftauchen.

Wie alt konnte er damals gewesen sein? War das 1880 oder 1885? Wenn die heiße Zeit des Jahres kam, schlug seine Familie ihre Zelte auf ihrem Besitz im Département Seine-et-Oise auf. In diesem Schloß aus dem Zweiten Kaiserreich gab es genügend Nebengebäude, um zusätzlich zur Familie noch an die zehn Gäste unterzubringen. Pferde für die Treibjagd waren genügend da, natürlich auch Kutschpferde und sogar eine Lore, eine Art Draisine, die das Gästehaus mit der Freitreppe des Schlosses verband, so daß sich die Damen ihre Schuhe nicht schmutzig zu machen brauchten. Herausragendes Ereignis dieser großbürgerlichen Ferien, die angefüllt waren mit aller Art von Unterhaltung und Spielen – Tennispartien und Federballspiele, Blindekuh-Spiele im Blumengarten und Sackhüpfen auf den wie mit dem Lineal gezogenen Rasenflächen –, war an Mariä Himmelfahrt das große Picknick am Ufer der umliegenden Seen.

An diesem Tag stürmten die jungen Leute gesammelt die Postkutschen, deren Fond vollgestopft war mit Eßsachen und Geschirr, das in große Körbe geschichtet war. Alsbald wurden die Pferde in gestreckten Galopp gesetzt. Die, die keinen Platz mehr in den Kutschen gefunden hatten, folgten auf Pferden nach, und so fanden sich alle am Ufer der Seen wieder, wo flache Boote auf die Liebhaber des Angelsports warteten. Der Anlegesteg diente als Eßsaal; die Damen zogen ihre Sonnenschirme hervor, um sich vor den bräunenden Strahlen der Sonne zu schützen.

Der humoristische Chronist und Zeichner Crafty skizzierte im Jahre 1886 aufs Vergnüglichste in *La Province à cheval* (Zu Pferd durch die Provinz) diese Art von Unternehmungen: «Wenn es einem Schloßherrn – sei es durch List, Zwang oder Überredung – gelungen war, seinen Freunden die Härten der ländlichen Gastfreundschaft aufzubürden, so war er es ihnen zumindest schuldig, die Länge der unerträglich heißen Tage zu verkürzen, an denen sich die Sonne – gleich einem noch unerfahrenen Lebemann – gerade nur so lange verbarg wie nötig, um nicht den Anschein zu erwecken, sie schliefe ‹außer Haus›» [...] Da

Syphonflasche, Teekanne, Thermoskanne für den Kaffee, Flakons für Wasser oder Whisky, Tranchierbesteck, große und kleine Emailteller, rostfreies Besteck: Die Hammelkeule ist nicht weit, und der Bordeaux hat genau die richtige Temperatur.

Abbildung unten. Renée in Ciboure, August 1930, Foto von Jacques-Henri Lartigue.

jeder, der zu sich aufs Land Gäste einlud,
dazu verpflichtet war, geradezu übertrieben viele Pferde zu halten, war es ihm
ein leichtes, eine Mahlzeit im Freien zu
organisieren. Mit zehn oder zwölf Pferden kam man ohne weiteres zurecht.
«Zwei Postkutschen dürften für den
Transport der Gäste ausreichen, eine
davon sollte als Küche dienen, gibt es
doch nichts Unerträglicheres als Mahlzeiten, die einzig und allein aus kalten
Speisen bestehen. Man mußte in der Tat
die Anzahl der Gäste beschränken und
unerbittlich all jene ausscheiden, die

nicht mehr die Jüngsten waren, dann die
Dicken und all jene, die an irgendeinem
Gebrechen litten. Die Hausherrin hatte
eine Reihe von Verpflichtungen, die es
ihr nicht erlaubten, an einem Ausflug teil-
zunehmen, der sich in die Länge ziehen
könnte. Ihr oblag es, sich um die Großel-
tern zu kümmern, die von Festmählern
im Grünen aus naheliegenden Gründen
ausgeschlossen waren, ist es doch uner-
läßliche Bedingung, daß man das Mahl
auf der Erde sitzend einnimmt.»
Die Hersteller all jener Accessoires, die
für das Picknick der feinen Leute uner-

läßlich sind, Männer wie Georges Vuitton und seine britischen Kollegen Drew and Son, Asprey, Fortnum and Mason, die zu Beginn des 20. Jahrhunderts mit ihrem Einfallsreichtum und ihrer Erfindungsgabe die Welt überraschten, haben viel der Ingeniosität der Goldschmiede vergangener Jahrhunderte zu verdanken. Goldschmieden wie Biennais, Aucoc, Odiot und anderen, die schon damals mit dem Reisefieber ihrer illustren Kunden – Kaiser, Könige und Aristokraten aus Frankreich, England oder Rußland – konfrontiert und gefordert waren, deren Ansprüchen gerecht zu werden. Man braucht sich bloß einmal all die Reisenecessaires und -kästchen anzusehen, die heute in den Museen zu bewundern sind oder aber auf den großen Verkäufen auftauchen, um sich von ihrer Meisterschaft zu überzeugen. Einige dieser Wunderwerke, die bei den bukolischen Festmählern, die das Eu-

beweglichen Beinen (1786–1789); sicher waren es Jäger, die sich an den Würsten gütlich taten, die auf diesem Grill gebraten wurden. Dieses Lederkästchen mit einer Kakaokanne aus vergoldetem Silber mit Quirl dazu, Tasse und Unterteller aus grüngoldenem Pariser Porzellan von Antoine Lucas (1785), das 1990 auf der Auktion in Drouot 52 000

Nebenstehende Abbildung. Tea-case, im Jahre 1926 von Vuitton für den Maharadscha von Baroda geschaffen; Teekanne und Rechaud, beides zerlegbar, sind in der Mitte untergebracht.

Abbildung unten. Bei dieser Kreation aus dem Hause Hermès (1930) braucht man keine Angst zu haben, sich die Finger zu verbrennen; überdies verfügt dieser Picknickkoffer über eine zusammenklappbare Tischplatte für vier Gedecke.

ropa des 18. und 19. Jahrhunderts in Entzücken versetzten, den Ehrenplatz einnahmen, seien hier vorgestellt.
Als erstes ein zusammenklappbares Grillgerät aus Silber mit Holzgriff und vier

Francs erzielte, dürfte einem Einzelreisenden gehört haben. Vielleicht war er auch der Besitzer einer kegelstumpfförmigen Kiste von Louis-Joseph Thomas von 1809, die – klein, aber fein – folgendes in sich birgt: einen Silberbecher mit zusammenklappbarem Silberlöffel und

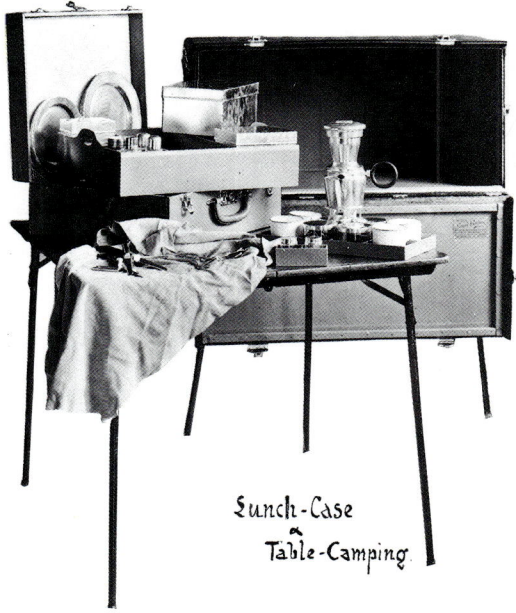

Lunch-Case
à
Table-Camping

ebensolcher Gabel, ein Messer mit Stahlklinge, eine Gewürzbüchse und einen Korkenzieher. Ein ganz ähnliches «Schmuckkästlein», allerdings mit seinem Wappen versehen, besaß Benoît Mange d'Ennezat, Naturforscher und Inspektor der königlichen Spitäler des Elsaß, der übrigens 1723 mit der vor der Eheschließung erforderlichen ärztlichen Untersuchung der zukünftigen Königin Maria Leszyńska beauftragt worden war. Sein Kästchen erzielte 1983 auf der Auktion in Drouot 90000 Francs. Wie sollte man beim Anblick dieses ungewöhnlich kostbaren Reisenecessaires, das Joseph Fouché, Herzog von Otranto und nahezu allmächtiger Polizeiminister Frankreichs, zu Beginn des 19. Jahrhunderts seiner Frau zur Hochzeit schenkte, nicht ins Schwärmen geraten! Ganz offensichtlich besaß dieser Intrigant einen besonderen Sinn für alles Schöne. Dieses Mahagonikästchen, das mit Netzwerk und Rankenornamenten verziert ist, birgt 75 Einzelstücke in Gold und Vermeil, alles auf kunstvolle Weise ineinander verschachtelt: Gegenstände für die Toilette, Salbentöpfe und Bürsten aus Elfenbein, Federhalter, einen Zirkel, eine Teekanne, aber auch eine Kakaokanne mit Rechaud, zwei Tassen, Besteck … alles in allem 3,789 Kilogramm Goldschmiedearbeit, versehen mit dem Stempel von Biennais, die ein gewiefter Liebhaber schöner Dinge 1980 auf der Auktion von Drouot, ohne zu zögern, für das stattliche Sümmchen

von 420 000 Francs erwarb. In etwa zur selben Zeit schuf derselbe Martin Guillaume Biennais, «Kaiserlicher Goldschmied in der Rue Saint-Honoré in Paris» sein absolutes Meisterwerk: ein «Nécessaire», ein Reiseköfferchen für Napoleon, heute im Museum Carnavalet zu bewundern. Mit nicht mehr und nicht weniger als 109 Einzelstücken enthält es auf minimalem Raum ein Maximum jener Dinge, die für das Wohlbefinden auf Reisen nun mal unerläßlich sind. Ob man sich nun rasieren oder ein Ei kochen will, ob man seine Memoiren zu schreiben gedenkt oder aber einen stärkenden Trank braucht, um sich Mut zu machen, weil der Feind im Begriff ist, einen im Rücken zu fassen – es gibt fast nichts, was es nicht gibt …

Dieselbe subtile Eleganz vereint mit technischer Perfektion, derselbe Sinn fürs Zweckmäßige finden sich in der Gestaltung jener Köfferchen vom Ende des 18. Jahrhunderts wieder, die im Museum of London ausgestellt sind; in einem davon aus braunem Leder ist alles enthalten, was man für ein Picknick selbst braucht, bei dem man, ohne große Umstände zu machen, dennoch die feinsten Speisen auftischen kann. Auch wenn Teller und Becher aus Zink sind, darf man sich nicht täuschen lassen, einige Details verraten dem Kenner, wo der geheime Luxus steckt: die geräumigen, fest verschlossenen Dosen (für Salat, Früchte oder «pies»), das Kästchen für die Salatzutaten mit Fächern für Salz- und Pfefferstreuer sowie für Essig- und Ölfläschchen, zwei Reiben (für Ingwer und Muskat) und Fläschchen für Wein oder Ale. Ganz offensichtlich begnügte man sich zu der Zeit nicht mit einem simplen Sandwich.

Aber kehren wir wieder zu jenen «verrückten» Jahren zu Beginn dieses Jahrhunderts zurück. Die Frauen hatten dank Poiret ihre Korsetts eingemottet,

*Rustikaler als Chagrin-
oder Krokodilleder ist
der berühmte schwarz-
gelbe Stoff H von
Hermès typisch für die
Jahre 1930–1940
(Abbildung unten).
Heutzutage benutzt
man Plastikbecher und
-besteck. Einst hielt man
an einem Fluß oder
Gebirgsbach an, um das
Emailgeschirr zu säu-
bern, bevor man es
wieder in die Köffer-
chen, vorwiegend mit
wasserdichtem Bezug,
einordnete.*

man sprach vom jungen Marcel Proust
als Anwärter auf den Prix Goncourt, die
Negerrevue hatte einen Bombenerfolg,
die Vorstellungen über den Landru-
Prozeß waren ausverkauft; in Amerika
war die Prohibition; in Paris zeigte man
mit dem Finger auf das erste serienmäßig
hergestellte Auto, den 5 CV Citroën
vom Typ A, das sich auf den Champs-Elysées schüchtern unter die großen Limou-
sinen, die Bugatti und Hispano-Suiza ein-
reihte; Loulotte ließ sich ihre Haare
schneiden, in ihrem gelben Cabrio-
Coupé war sie mit Bécassine auf den Straßen der Bretagne unterwegs, um die frische Luft zu genießen und so manches
Sandwich-Picknick am Rand irgendei-
nes Feldwegs; auf dem Concours Lépine
von 1928 präsentierte ein findiger Kopf
eine Picknickausrüstung, die in ihrer
Gänze in einem Koffer untergebracht
war – öffnete man ihn, verwandelte er
sich dank der ausziehbaren Füße in
einen Tisch; im selben Jahr wurde unter
der Ägide «eines ausgezeichneten Sport-
lers», des Grafen Charles de l'Aigle, das
erste Windhundrennen inmitten der

Erntezeit am Rand des Waldes von
Marly abgehalten, das verbunden war
mit einem großen Imbiß im Grünen, bei
dem seine Tante, die Gräfin Greffulhe,
den Vorsitz führte.

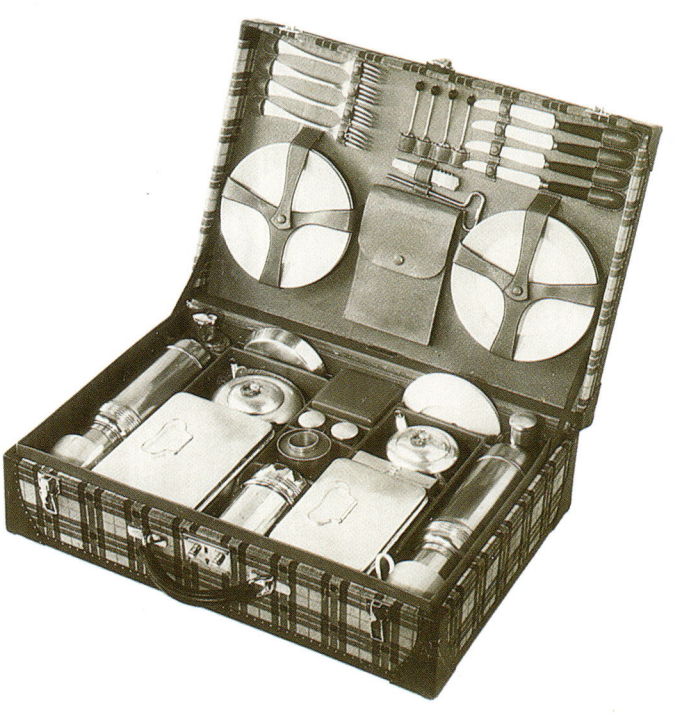

Die Menschen überall auf der Welt wurden immer nervöser und hektischer, und der Mensch der 20er und 30er Jahre, der es ewig eilig hatte, führte immer mehr ein Nomadenleben, jedoch mit einem zunehmend ausgeprägten Sinn für Komfort. Das Auto blieb den wohlhabenden Schichten vorbehalten, und die Kataloge von Hermès aus dieser Zeit waren voll von Sport- und Reiseartikeln, die nach Kroko und Kaschmir «rochen».

Hier kann man eine Autodecke aus Leder bewundern, mit Velours de laine oder mit Stoff gefüttert – ganz sicher passend zu den Bezügen der Sitzpolster des Bugatti Royal oder des Buick. Eine andere aus Pelz, mit Kaschmir gefüttert, wird in einem Sack mit Reißverschluß untergebracht; fürs Picknick hat man die Wahl zwischen einem echten Koffer mit herunterklappbarem Vorderteil, darin verchromte Thermoskannen, Tassen und versilbertes Besteck für vier Personen, einem Cocktailköfferchen mit Shakers aus Glas und versilbertem Metall und der – wenn man das in dem Fall überhaupt sagen kann – etwas rustikalen «trousse pique-nique» (Picknicktasche) aus dem schwarzgelben Stoff H mit Lederverstärkung, innen garantiert waschbar. Man sehe sich auch diesen kleinen quadratischen Koffer an, dessen Seitenlänge etwa 40 cm beträgt: Wenn man

Picknick mit der Familie am Straßenrand im Jahre 1940.

ihn öffnet, verwandelt er sich in einen Polstersessel, geradezu ideal, um sich irgendwo hinzusetzen, um das unvermeidliche Stück Geflügel zu verspeisen, ohne sich mit solchen Dingen wie Feuchtigkeit oder Ameisen herumschlagen zu müssen. Der Maharadscha von Kaschmir bestellte sich in den Werkstätten des Faubourg Saint-Honoré ein Lederköfferchen, das vier Thermosflaschen enthält, ebenso viele Becher, eine hermetisch verschlossene Dose und vor allem eine dicke Decke samt Kissen, die unter dem Picknicktablett verstaut sind. Ganz nach der Devise: alles in einem.

Knickerbockers und leichter Überzieher für ihn, eng anliegender Pullover, Plisseerock und Glocke für sie: So sieht das moderne Paar aus, das Guy Sabran mit leichtem Strich vor das Automobil zeichnete, davor auf dem Boden im Gras die Cocktail- und Picknickköfferchen. Der hübsche kleine Text, der diese Reklame aus dem Hause Hermès zierte, die in *Adam, la revue de l'homme* (Adam, die Revue für den Mann) erschien, spiegelt eine gewisse Kunst des Reisens wider, wie sie für diese Vorkriegszeit typisch war: «Auf der Strecke grüßte ein Landgasthaus mit seinem Giebel und lockte sie mit seiner hin und her schwingenden ‹Goldenen Sonne›. Angesichts dieser Überraschung, die ihnen eine von Frankreichs Straßen huldigend darbot, hielten sie an. Zwischen weißgekalkten Mauern und rustikalen Bodenfliesen umgaben sie sich mit Hilfe der zahlreichen Accessoires, die heutzutage auf engstem Raum in Koffern und Taschen Platz finden, im Handumdrehen mit dem unverzichtbaren Komfort einer kultiviert-eleganten Unterkunft.»

Oberstes Gebot in den Werkstätten des Faubourg Saint-Honoré und denen von Asnières: ein perfektes Produkt herzustellen und den Kunden zufriedenzustellen. Selbst oder gerade dann, wenn es galt, den extravagantesten Launen von Prinzen zu entsprechen. In seinem Buch *Malle aux souvenirs*

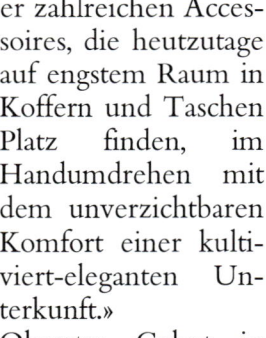

(Koffer voller Erinnerungen) erinnert sich Henri L. Vuitton an eine Bestellung des ägyptischen Prinzen Jusuf Kemal, eines Abkömmlings von Ismail Pascha. Es handelte sich um einen kompletten, auf Maß gearbeiteten Satz von Zubehörteilen für sein Auto: Eisschrank, Apothekenkasten für unterwegs und Werkzeugkasten inklusive. «Das schönste Stück des Ensembles, das ganz mit Vuitton-Stoff bezogen war, war ohne Zweifel das Picknickköfferchen, das eine Suppenterrine enthielt, 4 Schüsseln, 12 Teller und 6 Becher aus massivem Silber – ein Werk des Goldschmieds Puiforcat –, in die alle ein kleiner Fuchskopf eingraviert war, persönliches Emblem dieses ‹Prinzen der Wüste›.» Auf jeden Fall eine gewichtige Bestellung.

Weiterhin für Autofahrer mit erlesenem Geschmack und entsprechend wohlge-

füllte Portemonnaie schuf dasselbe Haus in etwa zur selben Zeit – aber als genauen Gegensatz dazu – einen «tea-case gainé» (Teeköfferchen mit Schutz-hülle) aus Saffianleder mit Teedosen,

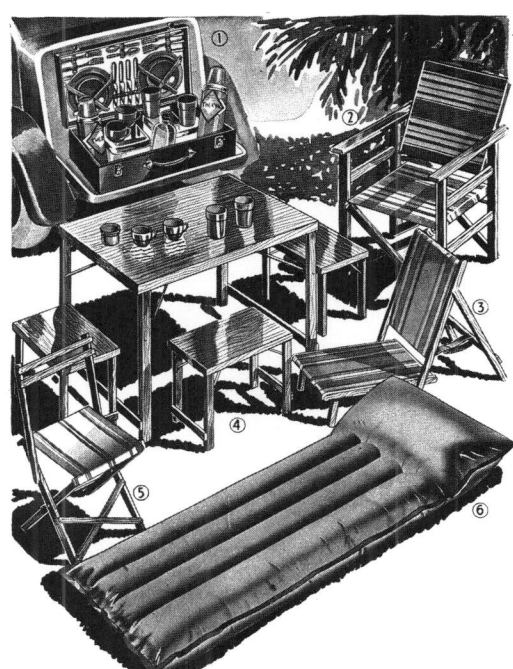

Bechern aus geschliffenem Kristall, Tee-kanne, Kocher und Wassertopf. Bis zu diesem Punkt könnte einem das Ganze fast banal vorkommen, wüßte man nicht, daß Teekanne und Wassertopf in etwa 12 Teile zerlegt werden können, die – ineinandergeschachtelt – in einem klei-nen Fach in der Mitte des Kästchens Platz finden. Ein wahrhaft verblüffendes Puzzle. Der Maharadscha von Baroda, genauso prunkliebend wie Prinz Jusuf Kemal, aber praktischer, ging – wie man sich erzählte – nie ohne dieses Tee-Käst-chen auf Tigerjagd, das kaum mehr Platz beanspruchte als eine Patronenschachtel, allerdings beträchtlich leichter war.
Nonplusultra für betuchte Reisende mit einem Hang zum Abenteuer war lange Zeit das 1906 von dem Autokonstruk-teur Kellner unter dem Patronat von

Vuitton entwickelte *Camping gadget vehicle.* Es war kaum ein Jahr her, daß das Wort «Camping» im Zusammenhang mit der Zeitschrift des Touring Club zum ersten Mal in Frankreich auftauchte. Ab jenem Zeitpunkt gab es

seinen abenteuerlich-eleganten Nimbus und war von nun an gleichbedeutend mit preiswerten Ferien für Hinz und Kunz. «Man muß diese historischen Augenblicke erlebt haben – ein ganzes Volk nahm Ferien, nicht mehr nur die

Nebenstehendes Bild. 1950: Wenn man Wilhelm Bachus heißt, ist es das mindeste, was man tun kann ... Dieser Deutsche mit dem bedeutungsschweren Namen – Nomen est Omen! – hat den Kofferraum seines Autos in einen rollenden Speisesaal umgebaut. Nichts fehlt: Kühlschrank, Gaskocher, Porzellangeschirr, Kurzzeitwecker (für die weichen Eier?), Wein«keller», Fliegenschrank ... und Sonnenschirm, um sich vor den zwangsläufig neidischen Blicken des Nachbarn zu schützen.

Abbildung unten. 1953: Picknick am Straßenrand in Frankreich.

nichts, was britischer gewesen wäre und eleganter. Das neue «Camping-Auto» ließ das Herz jedes Luxus-Campers höher schlagen, hatte es doch alles, was er sich erträumte: Mit seinem von Henri Labourdette konstruierten Chassis und einer teilweise aus Eschenholz gefertigten Karosserie, war es für drei bis vier Personen konzipiert, die darin aufs Bequemste reisen konnten. Hielt man das Fahrzeug an, konnte man den Anhänger entfalten; er trug die Zeltstangen. Das Anhängerdach konnte in zwei Teilen in die Horizontale geöffnet werden, so daß zwei weiche Betten entstanden. Auf der einen Seite wurde eine Plane auseinandergefaltet, die das «Eßzimmer» beherbergte. Schließlich ragte auf dem verstärkten Dach des Vehikels ein zweites Zelt in die Höhe, das als «Gästezimmer» diente.

Ein Vierteljahrhundert später verlor das Camping im Zusammenhang mit dem Aufkommen des bezahlten Urlaubs

Mütter aus kinderreichen Bürgerfamilien. In Gebrauchtwagen stürmten sie im Hochsommer jene Côte d'Azur, die im Frühjahr und Herbst – das war ihre Saison – allein den Millionären und Rentnern vorbehalten gewesen war», schrieb

Pierre Arents über den Sommer 1936, in dem Arbeiter und Angestellte erstmals bezahlten Urlaub erhielten. Das Hotelgewerbe war, wie eh und je, völlig unzureichend. So nahmen sich die Urlauber ein Beispiel an den Schnecken und breiteten sich mit allem, was zum Überleben notwendig war, entlang der Route Nationale Nr. 7 aus. Vor der Abreise hatte man ausgiebig im Katalog von «Manufrance» geblättert, eines Hauses, das seinen Kunden für weniger Geld allen nur erdenklichen modernen Komfort anbot. Zwei Angebote aus dem Katalog von 1930 seien herausgegriffen: die «valise-réchaud», ein Koffer, der einen mit Brennspiritus betriebenen Gas-Kocher enthält (21×21 cm), zwei Flammen, verstellbar. Die Filter-Kaffeekanne für zwei Tassen mit eingebautem Kocher, mit festem Brennstoff betrieben, ist aus poliertem Kupfer, zwei vernickelte Becher sind mit dabei; die Maschine «liefert in 6 Minuten ausgezeichneten Kaffee», so versichert zumindest der Hersteller. Der große Lebensmittel-Kasten Modell «Kolonial» aus hartem gelackten Blech ist «so konzipiert worden, daß er selbst härteste Transporte übersteht, ohne Schaden zu leiden». Die Innenverglasung ist dick genug, um sowohl Hitze als auch Kälte für 24 Stunden zu konservieren.

Zeichen der Zeit: Plastik und Pappe haben heute Metall und Porzellan verdrängt, und die «Nécessaires», die Reiseköfferchen, -kistchen oder -kästchen, von Meisterhand gefertigter Luxus haben im Zeitalter von Massentourismus und Massenproduktion Glanz und Daseinsberechtigung verloren. Sie sind verkommen zu Plastik, Tand und Talmi.

Lustiges Kuddelmuddel um ein «Puppen»-Picknick mit Vater, Mutter und Kind im Zeitalter von Plastik und Talmi unterwegs in die Ferien. Moderne Zeiten …

Schaufel
und Kuchen

«Mit Beginn des Sommers verspüren wir stärker denn je den sozialen Zwang auf uns lasten. Ein zivilisierter Mensch zu sein bedeutet, sich in Kleider zu hüllen, in einer Wohnung zu leben, für Heizung und Beleuchtung zu sorgen und für Nahrung. Ab Ende Juni jedoch scheint uns all das überflüssig zu sein. Wir schlafen beinahe bei Tageslicht ein, wir könnten leicht im Freien übernachten, Kleider bräuchten wir keine und ernähren könnten wir uns von Früchten. Der Juni ist der Monat im Jahr, wo das Primitive in uns überhandnimmt und den Menschen mit dem frischgebügelten Hemd und dem steifen Kragen zum Schweigen bringt ...» Mit der ihm eigenen ironischen Schärfe sorgte Paul Morand 1937 für einigen Wirbel, seine Bemerkungen ließen die Wellen der Erregung in jenem Meer hochschlagen, in dem seit einigen Wochen all die vielen Menschen plantschten, die nach Verabschiedung des neuen Gesetzes über den bezahlten Urlaub durch die Volksfront mit Macht an die Strände drängten. Die Ruhelosen, die es nirgends länger aushalten konnten und von Luxushotel am Meer zu Luxushotel reisten, sahen mit gemischten Gefühlen die Zeit herankommen, da jedermann sich große Ferien leisten konnte.

Zehn Jahre vor diesem *Eloge du repos* (Lob der Ruhe), in dem Paul Morand nicht ohne Sorge den Massentourismus heraufkommen sah, der bereits erste Schmutzspuren im makellosen Sand der Küstenstrände hinterließ, geißelte Georges Anquetil in einem gehässigen Artikel mit der Überschrift «Plus bas que le Directoire! Plus bas que l'Empire romain!» (Noch tiefer als das Directoire! Noch tiefer als das Römische Reich!) die neue Mode: Ohne die Grenzen der Schicklichkeit zu wahren, liegen schöne Müßiggänge-rinnen und schöne Herren kreuz und quer durcheinander am Strand, um sich in der Mittagssonne die nackten Arme und Beine bräunen zu lassen. Aber nicht genug damit, sie veranstalten auch noch Picknicks, die häufig äußerst feucht-fröhlich ausfallen. Erbost über diesen Exhibitionismus und den grenzenlosen Snobismus eines Europa, das zugleich galant und extravagant war, reproduzierte der Autor zur Unterstützung seiner These eine Komposition des Zeichners Léon Fauret, die in einer Nummer der *Illustration* des Monats August 1927 – «einer Zeitschrift, die weder bolschewistisch, noch tendenziös noch pornographisch war» – unter dem Titel «Die neueste Mode in Biarritz: Sonnenbad mit Picknick an den baskischen Stränden» erschienen war. Was ist nun auf dieser Zeichnung so Skandalöses zu sehen? Hübsche, knabenhafte junge Frauen in weiten langen Hosen und weichen, fließenden Stoffen, die Glocke fest auf dem Bubikopf sitzend, so liegen sie am Strand. Die eine raucht Pfeife, die andere läßt sich von einem sportlichen jungen Mann erneut ihr Glas vollschenken, dessen

makellose Muskeln durch den eng anliegenden schwarzen Badeanzug äußerst vorteilhaft zur Geltung kommen … Der Weidenkorb dabei läßt an leckere Sandwiches denken, und ein gewisses Lächeln in den Gesichtern sagt mehr als deutlich, daß man sich amüsiert. Die Menge der Badenden drum herum, dicht gedrängt, macht genau dasselbe, einige scheinen gar damit beschäftigt, auf

war man sich in der Tat allenthalben einig, daß die jodhaltige Luft gut für die Gesundheit sei. Also fuhr man im Sommer mit der ganzen Familie ans Meer. Seit 1860 konnte man an der Küste der Normandie für 20 Francs die Woche «une tente boudoir» (Boudoir-Zelt) mieten oder sogar «une tente meublée», ein möbliertes Zelt (35 bis 150 Francs pro Woche), in das man sich zu den heißen

Frische Luft macht Hunger. Das kennt jeder. Und ein Bad im Meer regt den Appetit gewaltig an: Mit dem Aufkommen der ersten Seebäder begann gegen Ende des letzten Jahrhunderts das «Zeitalter» der Picknicks am Strand. In the Sunshine, *Frans Gaillard (1861–1932).*

einem Klapptisch ein Stück vom gebratenen Geflügel abzuschneiden. Ist doch nichts dabei, könnte man meinen. Oder? Dennoch sah ein anderer Zeitgenosse, ein Journalist von *Paris Matinal,* in diesem Bild nichts weniger als «die Vision jener ausschweifenden Schauspiele, wie sie für die Zeiten des Kulturverfalls bezeichnend waren». Diese nackten Männer, diese geschlechtslosen Frauen mit der Pfeife im Mund, diese freche Zurschaustellung von Luxus und Müßiggang, dieses enge Zusammensein von Männern und Frauen, das jegliches Schamgefühl vermissen läßt, all das läßt einen an eine «zulässige Sexparty» denken …
Seit dem Aufkommen der ersten Urlaubsorte und Seebäder, die gegen Ende des 19. Jahrhunderts im wesentlichen den wohlhabenden Familien vorbehalten waren,

Mittagsstunden flüchten konnte, um die von zu Hause mitgebrachten Leckereien in aller Ruhe zu verzehren.
Sieht man sich zu jener Zeit die Speisekarten der großen Hotels an, so konnte man auf den ersten Blick feststellen, daß Ferien und frische Luft ganz offensichtlich einen Riesenappetit machten und hier niemand auf die Idee kommen würde, Diät zu halten. In ein und demselben Menü finden sich gemischte Vorspeisen, eine Fischplatte, ein erster Gang (Hammelragout oder Lammkeule), dann getrüffelte Galantine oder Huhn, Gemüse, Käse und Dessert. Ganz bestimmt konnte man dieselben Gäste einige Wochen später in dem Kurort Saint-Honoré-les-Bains wiedertreffen!
Es blieb nicht dabei, daß die Familien den Reiz der Sommerfrischen am Meer

entdeckten, bald darauf gaben sie sich den Freuden ihres ersten Picknicks hin – auf einem Boot oder am Strand mit den von zu Hause mitgebrachten Sandwiches, die am Strand ihre letzte Sand-Würze erhielten … Möge derjenige unter uns, dessen Kindheitserinnerungen nicht von diesem unverwechselbaren Geschmack durchzogen sind, die Hand heben! Wie hätte es auch anders sein können? Wurde man doch von einer besorgten Mamma so lange gedrängelt, bis man endlich aus dem Wasser kam, einer Mamma, die einen mit einem rauhen Handtuch abrubbelte, in das sie einen anschließend so einmummelte, daß man einer ägyptischen Mumie verflixt ähnlich sah; die einem schließlich in die zusammengeballte kleine Faust ein Sandwich steckte, dessen Krume augenblicklich all das Salz und den Sand aufsaugte, die man soeben vom Handtuch abbekommen hatte … Wenn man sich die Hände so richtig abgetrocknet hatte, zuerst am Brot, dann an der Serviette, die einem ein mitfühlender Verwandter überlassen hatte, dann war es soweit für das unvermeidliche harte Ei. Schon oft hatte man beobachtet, wie die Erwachsenen ihr Ei an der Stirn aufschlagen. Also machte man es auch so. Aber es klappte nicht, noch dazu tat es weh … Was blieb? Ein Stein. Bedächtig schlug man das widerspenstige Ei an dem Stein auf, aber als es zerplatzte, entglitt es einem und rollte in den trockenen Sand, in den man sich auf höchstmütterlichen Befehl hin hatte setzen müssen, «um schneller trocken zu werden». Genau in dem Moment, in dem man es unter gekonnten Verrenkungen beinahe geschafft hatte, ungefähr dreiviertel der an den Fingerspitzen festgeklebten Sandkörner abzulösen, die davor an den Eierschalen geklebt hatten, fiel das folgenschwere, keinen Widerspruch duldende «jetzt, wo du dir deine Hände so richtig schön am Ei abgeputzt hast, kannst du sie dir auch im Meer säubern, dann brauchst du es nicht mehr zu salzen» … Erinnerungen, im Sande verweht … Wer kennt das nicht?

In allen Kindheitserinnerungen an die großen Ferien in Houlgate, Dinard oder Arcachon nehmen solche Picknicks

1922: Was tun wohl diese Engländer, die sich im Dezember an die Riviera verirrt haben? Keine Frage, sie picknicken wie hier am Strand von Nizza.

voller mißlicher Zwischenfälle, Picknicks, die ganz anders ablaufen als geplant, einen ganz besonderen Platz ein. Sie vergißt man nicht. Egal ob sie nun von der Herrin des Hauses an dem Tag improvisiert wurden, an dem die Köchin frei hatte, oder aber ob sie lange vorher «ausgebrütet» worden waren mit dem Ziel, zusammen zum Krabbenfang nach Chausey zu fahren oder eine Spritztour mit dem Boot zum Banc d'Arguin zu unternehmen. Jedes Mal sollte es ein Fest sein, das die Monotonie des ewig gleichen Rituals der bürgerlichen Ferien durchbrechen sollte, Ferien, die gezwungenermaßen immer nur zusammen mit der Familie verbracht wurden … Eine Möglichkeit, die unerträglich gewordene Etikette der sakrosankten Mahlzeit am Ausziehtisch zu hintergehen, bei der das elterliche «nimm deine Ellenbogen vom Tisch» und das Gezanke der Kinder um eine Krebsschere, die größer war als alle anderen, an die Stelle der üblichen Unterhaltung traten.

«Tè, amore e farniente …» könnte man diese bezaubernde Szene betiteln: italienische Sirenen beim Bade, erschienen in der Grande Illustrazione d'Italia (1929).

Beim Picknick konnte sich jeder – endlich – Genugtuung verschaffen … Zu diesem Anlaß versammelte man Cousins und Cousinen, die Freunde der Familie und eventuell auch die Cousins und Cousinen der Freunde der Familie. Je mehr Leute, umso lustiger. Oder? Wenn man zum Krabbenfang nach Chausey fuhr, studierte man vorher eifrig den Verlauf der Gezeiten, um zu wissen, wann Springflut war (der Fang war dann besser, aber die Wettervorhersage unsicherer). Dann verabredete man sich mit Auguste und seinem alten Boot, die im Hinblick auf phantastische Fischzüge nicht ihresgleichen hatten zwischen Dinard und Saint-Malo. Am festgesetzten Tag nahm er die Frauen an Bord, die schwer beladen waren mit Körben voll mit Eßvorräten, denen sowohl Feuchtig-

keit als auch Gischt nichts anhaben konnten (das heißt: harte Eier, Bananen, Orangen, Thermoskannen mit heißem Kaffee und eisgekühltem Tee mit Zitrone); dann die Kinder, denen sperrige Kescher und Öljacken schwer zu schaffen machten, schließlich die Ehemänner in Espadrilles und Flanellhosen, die Baskenmütze auf dem Kopf, das kleine Fernglas umgehängt. Der Himmel war wolkenlos, aber wie es nun der Zufall wollte, herrschte hoher Seegang, die Luft war eher frisch. Das konnte man von der Mannschaft bei ihrer Ankunft in Chausey drei Stunden später nun ganz und gar nicht behaupten …

Es ist schon oft darüber gesprochen worden, aber man kann es gar nicht oft genug wiederholen: Die vereinte Wirkung vom Schlingern und Stampfen eines

Bootes mit dem beißenden, ja geradezu widerlichen Geruch seines vor sich hin tuckernden Dieselmotors ist einfach vernichtend. Den ermatteten Blicken von dreizehn der vierzehn Passagiere nach zu schließen, hatten alle nur einen einzigen Gedanken: Sie würden alles dafür geben, um genau in diesem Moment auf einer windgeschützten Terrasse der Villa zu sitzen, die weder schwankte noch schlingerte und noch dazu hoch oben über dem Meer lag … Unterdessen mußte man sich erst einmal dazu aufraffen, die Hosen bis zu den Waden hochzurollen, um tapfer die paar Meter kalten Wassers zu überwinden, die zwischen dem Boot und dem Inselchen lagen, das der alte Auguste als Anlegestelle gewählt hatte. Übrigens: Wer hatte gerade noch, als man an den Festungswällen von Saint-

Malo vorbeifuhr, indem man die kleine Durchfahrt nahm, gemeint, die frische Luft mache hungrig? Im Sand ausgestreckt oder gegen einen Felsen gelehnt, die Kescher im Anschlag, war ihnen allen flau im Magen, mehr als flau, vor allem dann, wenn sie das am Rande der Bucht auf den Wellen hin und her tanzende Schifflein ansahen. Allen außer einem. Während die anderen einmütig beschlossen, das Picknick für diesmal zu vergessen und den Krabbenfang abzukürzen, um nach Dinard zurückzukehren, bevor der Wind noch stärker wurde, verzehrte er genüßlich sein erstes hartes Ei, das noch ein bißchen weich war, genauso wie er es gerne mochte. Jedesmal bevor er davon abbiß, streute er mit größter Sorgfalt auf das Eigelb ein paar Körner vom groben Meersalz … Als der

Motor wieder zu tuckern anfing, hatte er bereits vier Portionen verdrückt ... Drei Stunden Stampfen und Schlingern später biß er, zwischen dem Rocher du Grand Bé und der Mündung der Rance, in aller Ruhe in sein vierzehntes Ei, das er unter den ungläubigen Blicken seiner Eltern, Cousins und Cousinen, der Freunde und der Cousins und Cousinen der Freunde verzehrte, deren Gesichtsfarbe nun dasselbe Grau angenommen hatte wie das der Krabben, die zu ihren Füßen in den Körben krabbelten. Da das *Guiness-Buch der Rekorde* damals noch nicht existierte, begnügte man sich damit, diese Glanzleistung in den Familienannalen zu verzeichnen, unter dem Erinnerungsfoto von dem verkorksten Picknick in Chausey im Jahre 1926 ...

Zwischen Saint-Briac und dem Cap Fréhel hat man die Qual der Wahl: mit herrlichem Blick aufs Meer kann man – wie auf diesem Foto – allenthalben frisch gefangene Sandgarnelen und hausgemachte Fleischpastete verspeisen. Aber Vorsicht! Ganz plötzlich kann ein Wind aufkommen und die Hüte in die Luft wirbeln.

Sehen wir uns nun ein Foto neueren Datums an, ein Farbfoto, leicht überbelichtet. Die Gesichter sind gebräunt, die Kinder planschen nackt in den Wellen, deren Gischt im heißen Sand zerrinnt, die Erwachsenen beißen in riesige Sandwiches und blinzeln mit zusammengekniffenen Augen in die Sonne: «August 1990, Picknick am Banc d'Anguin». Je nach Jahr war ohne ersichtlichen Grund einmal der Banc des Chiens in, einmal der Banc d'Anguin und so weiter. Man mußte schon zu denen gehören, die im Becken von Arcachon beinahe zu Hause waren, um instinktiv zu wissen, an welcher von den beiden Dünen man sich nun zu verabreden hatte. Die eine Düne legte schon durch ihren Namen nahe, daß hier der beste Freund des Menschen

Zutritt hatte; in der anderen dagegen, einem Vogelschutzgebiet, konnte man sicher sein, daß sich garantiert kein Vierfüßler gerade dann die Flöhe aus dem Pelz schüttelte, wenn man sein Schinkensandwich essen wollte. Eines hatten beide dennoch gemeinsam: Man war dazu verdammt, in der Sonne zu schmoren, denn auf dieser Sandzunge – letztes Bollwerk vor dem Ozean – wuchs kein einziger Baum; die Zeiten, da die Damen ihre Sonnenschirme hervorzogen, waren vorbei, und die großen bunten Sonnenschirme und Windschutzplanen von heutzutage waren als Geschmacksverirrung verpönt, verunzierten sie doch diese von den Göttern gesegnete Landschaft ...

Seit Generationen treffen sich jeden Sommer all die Familien, die eine Villa am Damm von Pyla oder ein Haus im Kiefernwald von Piquey besitzen, um mit mehr oder weniger altersschwachen Fischerbooten oder anderen Tuckerschiffchen zum Picknicken zum Becken von Arcachon hinauszufahren. Nicht ohne eine gewisse Wehmut beschwört Christine de Rivoyre in *Les Sultans* (Die Sultane) diese fröhlichen Unternehmungen herauf, die sich manchmal bis in die Nacht hinzogen und in einem Bad im Mondschein gipfelten: «An den Fischerbooten befestigten wir Laternen, dann schipperten wir Richtung Cap Ferret, dort tanzten wir im Sand ...» Der Château-Margaux floß in Strömen, so nahm man kaum noch wahr, wie sehr das Sandwich nach Sand schmeckte und wie sehr einem die Sonne zusetzte, der man nur entfliehen konnte, indem man sich in den Sand einbuddelte ... Und die Schmarotzer sahen damals genauso aus wie heute, man erkannte sie sofort: Wenn man aus seinem Korb einen liebevoll mit Koriander und Basilikum zubereiteten Salat hervorholte, stürzten sie sich sofort darauf; als Gegenleistung hatten sie nur ihre Schwindelgeschichten zu bieten, ihre Sandwiches mit ausgetrocknetem Schinken oder verschwitztem Emmentaler ... Sie waren so unverfroren, daß man sie nur mit List und Tücke daran hindern konnte, sich über Ihre unvergleichlichen Karameldesserts von Foulon herzumachen oder über die noch lauwarmen

«Crumbles» mit Äpfeln, die sie nur allzu gerne gegen ihre mehligen Äpfel vom Supermarkt um die Ecke (Sonderangebot!) eingetauscht hätten.

Allen Picknickveranstaltungen am Meer sind unabhängig davon, in welchem Jahr oder an welcher Küste sie nun stattfinden, eine Reihe von Dingen gemeinsam. Man macht sich mit einer Schar von Freunden auf den Weg oder mit der ganzen Familie samt zahlreichen, äußerst lebhaften Kindern. Man sucht sich ein stilles Plätzchen, aber man trifft sich in der Regel mit all den anderen, die genau dieselbe Idee hatten, am Strand La Conche der Ile de Ré. Man ist höchst zufrieden, daß man nicht kochen mußte, aber man brachte Stunden damit zu, Sandwiches zu fabrizieren, die fürchterlich trocken sind, Hühner zu braten, diese in Pergamentpapier einzupacken, sie wieder auszupacken und die fettigen Papiere wieder einzupacken. Man glaubt, sich das Leben zu vereinfachen, in Wirklichkeit macht man es sich nur schwerer, man belädt sich mit so vielen Körben, daß man das Fahrrad kaum noch im Gleichgewicht halten kann. Man verkündet lauthals, wie phantastisch es sei, am Strand zu speisen, aber man verbringt irrsinnig viel Zeit damit, einen Platz zu suchen, der überhaupt nicht existiert, einen Platz, an dem der Sand nicht zu trocken, aber auch nicht zu feucht ist, an dem auch noch ein Felsen ist, der ein bißchen Schatten spendet und an den man sich anlehnen kann. Und in der Regel kommt genau in dem Moment, da man auspackt, ein Wind auf und wirbelt all den Sand ringsum in die Luft.

Mit seinem ätzenden, typisch britischen Humor hat Gerald Durell diese stets gleichbleibenden Faktoren alle in einem lustigen kleinen Büchlein untergebracht und beschrieben, das den bezeichnenden Titel *The Picnic, and such like pandemonium* (Das Picknick und ähnliche hölli-

Abbildung oben. Man kann darüber streiten, ob es ein Vergnügen ist, auf einem spitzen Felsen zu sitzen und sein Essen mühsam auf den Knien balancierend zu verspeisen. Wenn allerdings aus den Weinkisten die berühmtesten Weine der besten Jahrgänge zum Vorschein kommen und in den Körben Rillette von Meerbrassen, Mandeltörtchen und Englischer Kuchen auf hungrige Genießer warten, sieht die Sache gleich ganz anders aus.

Abbildung unten. Piriac 1905: Diese Familie hier sitzt in bester Manier zu Tisch. Alles ist genau dort, wo es hingehört auf diesem Felsen, der sich geradezu als Tisch fürs Familienmahl anbietet.

sche Veranstaltungen) trägt. Da ist zu allererst die Mutter, Hauptperson der Geschichte, ein phlegmatischer, herrschsüchtiger Mensch, der keine Widerrede duldet. Sie ist es, die die Idee zum Picknick am Meer hat. Gefragt wird natürlich niemand von der Familie, am allerwenigsten die Kinder: «In Anbetracht der Hitze, die auf dem Dach des Luftfahrtsministeriums herrscht, sollten wir morgen mit dem Rolls zum Picknicken fahren.» Kommen Sie bloß nicht auf die Idee zu sagen – wie etwa Larry –, daß es nicht nur auf dem Dach des Luftfahrtministeriums heiß wäre, sondern sicher auch am Strand. Dieses Argument war in den Augen der allgewaltigen Mutter nur ein scheinbares und wurde mit einer energischen Geste sofort vom Tisch gefegt. Dann tauchte sie in ihrer Küche unter und machte sich am Herd zu schaffen. Liebevoll bereitete sie «Blätterteigkuchen mit Curry zu, Soufflés von Wales, eine Blätterteigpastete mit Schinken und einen großen Kuchen, drei Hühner wurden gebraten, zwei große Brotlaibe gebacken, ein Englischer Pudding, knusprige Hörnchen und einige Baisers fabriziert; ohne all die anderen hausgemachten Sachen zu erwähnen wie Gewürze, Konfitüren, Keks, ein Obstkuchen und ein Biskuitkuchen». Margo wagte schüchtern zu bemerken, daß das alles vielleicht ein bißchen viel wäre. Die Antwort erstickte jede weitere Bemerkung im Kern: Letztes Jahr in Griechenland hatte man jeweils mehr als doppel soviel fürs Picknick vorgesehen. Vielleicht, wagte sich Leslie dennoch vor, aber da waren wir auch doppelt so viele … Morgen sind wir nur zu sechst … Ohne Zweifel. Aber Larry hat einen anständigen Appetit, außerdem macht die Meerluft Hunger. Abtreten!
Gehen wir rasch über die Zwischenfälle beim Aufbruch hinweg (Pakete zählen, Anzahl der Körbe kontrollieren, den Motor einstellen, auf Margo warten, bis sie endlich den passenden Lippenstift gefunden hatte …), ebenso über das, was unterwegs passierte (Lulworth, die Idealbucht, war zwar auf der Karte verzeichnet, existierte jedoch nicht auf den Wegweisern; unmittelbar nach dem ersten Dorf brach bei Jack der Heuschnupfen

aus; alle Straßen führten an den Rand einer Steilküste, sie endeten stets oben – nie unten am Meer …) und kommen wir zu jener wunderbar geschützten Bucht, an der der Rolls endlich landete. Zuerst ging man die ganze Bucht ab, um den schönsten Platz zu finden und zu schauen, ob auch wirklich niemand da war. Auf alle Fälle verlangte die Mutter energisch nach einem Felsen, wegen ihres empfindlichen Rückens mußte sie sich anlehnen. Genau da entdeckte Leslie mitten am Strand einen großen Felsen. Unverhofft … Alle stürmten sie darauf zu, Pies und Hühnchen wurden ausgepackt, die Decken auf den Boden und den Felsen geworfen, den die Mutter als Rückenstütze so dringend brauchte. Mit strahlendem Lächeln saß sie da, all ihre Sprößlinge ihr zu Füßen. Es waren noch nicht einmal fünf Minuten vergangen, seit sie mit dem Festmahl begonnen hatten, als eine angewiderte Stimme erklärte, «daß es hier irgendwie seltsam röche». Es war Larry, der den unverzeihlichen Fehler machte, mit dem Mund voll mit Curry-Kuchen zu sprechen. Einstimmige Erwiderung: Dies wäre der gute Algengeruch, man wäre schließlich am Meer, überdies würde das seinen Lungen nur gut tun … In fast bedrückender Stille fuhr man mit dem Essen fort, die Mienen aller wurden zunehmend zurückhaltender. Da hielt es Larry nicht mehr aus. Er sprang auf, machte eine Runde und bemerkte hinterhältig lächelnd, daß zwanzig Meter im Umkreis keine einzige Alge zu sehen sei, ja nicht einmal das kleinste Stückchen Tang. Als er schließlich auf der anderen Seite des Felsens angelangt war, stieß er einen spitzen Schrei aus.
«Das ist kein Felsen», sagte er in einem mehr als beunruhigend ruhigen Ton. «Das ist übrigens auch kein Sandhaufen, genausowenig ein großer Stein oder ein Teil von einem Dinosaurierskelett. Das hier hat mit Geologie nichts zu tun. Wißt ihr, wogegen wir uns seit einer halben Stunde gelehnt haben?» – «Wogegen, mein Liebling?» fragte die Mutter nun doch erheblich beunruhigt. – «Gegen ein Pferd», erwiderte Larry. «Gegen die Reste eines guten alten Kleppers.» Im selben Stil geht es weiter …

Auf ihrer Hals-über-Kopf-Flucht gerät die Familie in ein Gewitter, der Rolls säuft ab, und der Familienausflug endet auf einem Pferdekarren, der unverhofft des Weges kommt …

Damit uns nicht ganz der Appetit vergeht, wenden wir uns besser einem erfreulicheren Aspekt des Picknickens am Meer zu. Seit den Zeiten von Robinson Crusoe hat der Mensch es auf vielfältigste Art verstanden, mit all den leckeren Dingen, die das Meer ihm bietet, in der Sonne oder im Mondenschein ein Festmahl zu veranstalten: «éclade» (ein

Paul Valéry so liebte und in dem er in den Sommern der zwanziger Jahre immer wieder bei seiner engen Freundin Martine de Béhague Zuflucht suchte. Bevor man so eine «oursinade» genießen kann, müssen erst mal ein paar geschickte Taucher mit der Messerspitze vorsichtig die stacheligen Kugeln von den Felsen ablösen, die auch «châtaigne de mer» (Meerkastanien) genannt werden, weil ihr stacheliges Äußeres stark an die Früchte der Eßkastanie erinnert. Dann schneidet man die Seeigel in zwei Hälften, reinigt sie im Meer und ordnet

*Nächtliches Picknick
am Strand.
Foto André Martin.*

Muschelessen), «oursinade» (ein Seeigel-Imbiß), «clambake» (ein amerikanisches Muschelessen), «boulinade» (ein Aalessen) oder eine ganz einfache «grillade de sardines», ein Essen, bei dem es «nur» gegrillte Sardinen gibt – all diese Worte zergehen einem auf der Zunge und haben den unvergleichlichen Geschmack von Salz und Festen.

Nehmen wir den Seeigel-Imbiß. Es braucht nicht viel mehr als einen heißen Tag mitten im Sommer auf einem Felsen am Meer. Auf Porquerolles vielleicht oder aber ganz am Ende der Halbinsel Giens, im Parc de la Polynésie, den

sie auf einer großen Platte an. Nun ist es an der Zeit für die (dank Kühlbox) schön gekühlten Flaschen Sauvignon oder Rosé der Provence. Die Korken knallen, und die Kenner unter den Gästen greifen nach den Seeigeln, deren Eier safrangelb sind. Alexandre Dumas hebt in seinem erlesenen *Dictionnaire de cuisine* (Wörterbuch der Küche) hervor, daß die Stacheln diesen seltsamen Krustentieren als Beine dienen, so daß das arme Tier nur noch wie eine Kugel rollen kann, wenn diese abgebrochen sind. «Jene, die diese Art lebenden Brei nicht widerlich finden, tunken ihn mit einem Stückchen

Brot wie ein Ei aus. Die besten Seeigel gibt es im Mittelmeer; sie spüren, wenn ein Sturm kommt und können ihm standhalten, indem sie sich an den kräftigsten Meerespflanzen festhalten. Mit Hilfe der Saugnäpfe, die an den Stacheln sitzen, saugen sie sich fest; manche haben mehr als 12000 Stacheln.» Es war schon ganz schön entmutigend für denjenigen, der – und das ist bei so einem Fest unvermeidlich – zur fortgeschrittenen Stunde, wenn alle schon ein bißchen angeheitert waren, auf den Seeigel trat, der in irgendeiner Ecke liegengeblieben war, weil er zu klein war zum Essen!

A la pêchew aux moules, moules, moules
Je ne veux plus aller maman …
(Zum Muschelfangen, Muschelfangen, Muschelfangen
Will ich nicht mehr gehn Mamma …)

All die Liebhaber des Muschelessens «éclade» trällern diesen alten Schlager bei der Vorbereitung ihres absoluten Lieblings-Picknicks vergnügt vor sich hin, das sich am Atlantik überall größter Beliebtheit erfreut. Man braucht nicht viel dafür: frische Muscheln, schön trockene Kiefernadeln und Streichhölzer. Die Muscheln legt man rosettenförmig auf eine Unterlage (man kann Kartoffeln nehmen, die man in zwei Hälften geschnitten und eingeritzt hat, damit die Muscheln nicht herunterfallen oder einfach einen flachen Stein, auf dem man die Muscheln wie ein Puzzle – eine ganz fest gegen die andere gepreßt – anordnet), dann bedeckt man sie mit den Kiefernadeln und zündet die Nadeln an – natürlich stellt man sich dabei nicht gerade mitten in den Wind! Im Nu bersten die schieferfarbenen Muscheln, einer nach dem anderen nimmt sich davon, nicht ganz einfach, ohne sich die Finger zu verbrennen. Die leere

Muschelschale dient als Löffelchen. Kosten Sie! Einfach köstlich! Um das Aroma ein bißchen zu variieren, kann man genausogut Weinreben als Brennmaterial verwenden.

Schließlich das Sardinen-Picknick, bei dem das kleine silberne Fischlein absoluter Star ist. So ein Picknick findet am besten in einer klaren Sternennacht auf der Sanddüne an der Spitze der Ile d'Yeu statt. Die mächtige Feuersglut schimmert rötlich im Dunkel der Nacht, die Gestalten, die beim Feuer hin und her laufen, erinnern einen an ein chinesisches Schattenspiel. Die kleinen silbernen Fischlein sind ganz frisch, vom letzten Fang, und der Feuer-Meister, der die Fischlein knusprig brät, ohne daß auch nur einer der Gäste tränende Augen bekäme, ist einsame Spitze. «Nur wenige verstehen sich darauf, ein Feuer zu machen, das nicht raucht, ein Feuer, das vielleicht nicht gerade Tiger oder Löwen abschreckt, dafür aber diese wunderbare rote Glut ergibt, auf der das Wasser im Nu zu kochen beginnt. Oder können Sie vielleicht am Hang eines Hügels zwei schmale, parallel verlaufende Gräben graben, sie mit Reisig füllen und so weiter?» merkt Paul Morand in seinem *Eloge du repos* (Lob der Ruhe) scharfsinnig an. Nun, es ist unbestreitbar: Um die Freuden eines Grillfestes zu genießen, seien es nun Sardinen, Schaschlikspießchen oder was auch immer, bedarf es erst einmal einer guten Glut, wie sie nur ein Kenner und Könner fertigbringt. Dies ist auch das A und O für ein gelungenes «clambake».

Ohne Zweifel haben wir es hier mit dem kompliziertesten, in einer Sommernacht am Meer stattfindenden Picknick zu tun, das man sich vorstellen kann. Zu Hause war es ursprünglich an der Ostküste der

Vereinigten Staaten, wo man es schon so lange zelebrierte, daß es zur Institution geworden war. An der Küste von Maine oder in Neuengland bezeichnet dieses gesellige Zusammensein bei Essen und Trinken Abschluß und Ende der großen Ferien. Hier konnte man sich voneinander verabschieden bis zum nächsten Jahr, wo man sich bei einem riesigen Grillfest mit Meeresfrüchten wiedersehen würde. Um ein Clambake zu veranstalten, braucht man einen relativ geschützten Strand, wo man am Vorabend des Festes eine Art Grube aushebt, die man unten mit großen runden Kieselsteinen auslegt, darum herum dann flache Steine. Anschließend entfacht man ein loderndes Feuer; die Holzkohle, die schließlich entsteht, bewahrt man bis zum nächsten Tag auf, an dem man einige Stunden, bevor die Gäste eintreffen, das Feuer wieder entfacht. Anschließend wird in ausgeklügelter Reihenfolge eines nach dem anderen auf die Glut gelegt: Algen, große Venusmuscheln, gekochtes Huhn, süße Kartoffeln, Frankfurter Würstchen, Maiskolben, Hummer oder Languste

und schließlich eine Unzahl von Venusmuscheln … All die leckeren Sachen bedeckt man mit einer feuchten Plane, dann heißt es sich gedulden. Diverse Apéritifs helfen einem über die Wartezeit hinweg, und nach einigen Stunden ist es dann soweit: Man kostet, man ißt mit den Fingern.

In einem köstlichen kleinen Kapitel von *Picnic Papers* erzählt Heinz Drue von seinem ersten Clambake in Neuengland. Dabei läßt er keines von jenen kleinen Details aus, die nun mal bezeichnend sind für das Clambake und dieser speziellen Art von Picknick die besondere Würze verleihen: Ein heftiger Windstoß verwandelte im Handumdrehen das Holzkohlenfeuer in ein wahres Höllenfeuer, das die versammelte Mannschaft in dichten Rauch einhüllte. Allen tränten mehr oder weniger die Augen, und man tröstete sich mit ein paar (oder auch mehr) Gläsern Gin. Je höher der Mond stieg, desto kühler wurde es. Die ersten fröstelten. Da passiert es: Der glühendheiße Teller entgleitet Ihren Händen, genau in dem Moment, als Sie sich – total

August 1967 in Deauville: Wenn man am Strand picknickt, wo der Schatten rar ist, tut eine Zeitung bisweilen gute Dienste.

ausgehungert – endlich daran machen wollen, die so lange erwarteten Krustentiere zu kosten. Jetzt sind die geschmorten Tierchen auch noch mit Sand gratiniert … Sofern Sie auf die glorreiche Idee kommen sollten, sie im Meer abzuwaschen, könnte genau in dem Moment eine hinterlistige Welle Sie bis auf die Knochen durchnässen und Ihr Abendessen verschlingen. Wenn Sie Glück

haben, finden Sie auf der Holzkohlenglut noch eine von den Süßkartoffeln oder die Schere eines Hummers … Dieses Picknick werden Sie garantiert nicht so schnell vergessen! Der Autor, der das alles ziemlich gelassen nimmt, erklärt zum Schluß noch ausführlich, was es alles braucht, damit so ein Clambake wirklich ein voller Erfolg wird –, wenn man nach all den mißlichen Geschehnissen, die er uns geschildert hat, überhaupt noch Lust auf so ein ungeheuerliches Picknick verspürt …

Solche Festessen sind der Grund dafür, daß man im Land der «Froschschenkelesser» doch einen gewissen Respekt für das Land empfindet, in dem die McDonald's erfunden wurden. An der Westküste herrschen traditionsgemäß spartanischere Sitten: In Malibu Beach am Point Dune, dem Paradies der Surfer, werden die Surfbretter nach dem wilden Ritt auf den Wellenkämmen zur Mittagsstunde einfach auf dem Sand umgedreht. Sie dienen den Sportlern als Tisch, auf dem gekochte Krabben und Corned beef angerichtet sind. Etwas weiter oben, in der Nähe von Seattle, zwischen Lake Union und Puget Sound, kann man zu gewissen Zeiten dem Schauspiel eines universellen Picknicks beiwohnen. Auf den kleinen Märkten in der City werden nicht weniger als zwanzig verschiedene Sorten von geräuchertem Lachs verkauft (auf hoher See gefischt). Die Leute kommen von allen Seiten her zusammen, um in der Sonne den feinsten Lachs der ganzen Küste mit Sahne (fettarm, of course) und milden Zwiebeln (von Walla Walla, obligatorisch) zu verzehren. Dazu gehört ein gutes Bier von der Red Hook Brewery und Früchte der Saison.

Und was macht dieser Amerikaner, der den Drive in (oder die Art und Weise, wie man sich den Bauch vollschlagen kann, ohne seinen Hintern aus dem Auto zu bewegen) erfunden hat und die obligatorischen Picknickplätze an den Autobahnen, die sich Raststätten nennen (vom Kindersitz bis zum Beutel für die Essensreste ist hier alles vorgesehen), wenn er den Sprung in die Alte Welt wagt?

Vielleicht befolgt er den Rat seiner Leib-und-Magen-Zeitung *Los Angeles Time* vom 15. Mai 1993. Demnach ist Omaha Beach an der Küste der Normandie genau der richtige Ort für ein «typically french» Picknick mit Camembert und Pont-l'évêque und einem ordentlichen Schluck Cidre aus der Gegend, haben doch genau hier seine Vorfahren im Zweiten Weltkrieg ihre Glanztaten vollbracht. «Ohne Zweifel gibt es fröhlichere Orte in Frankreich, Orte, die attraktiver sind. Dieser aber ist ohne Frage der bewegendste.» Unbestreitbar.

Wer eine weite Reise tut …

«Dort, wo sein Pferd die Hufe aufsetzte, wuchs kein Gras mehr …» An Grausamkeit kam ihm keiner gleich. Wer könnte es anderes sein als Attila? Es wird aber auch berichtet, daß der schreckliche König der Hunnen, dessen Heißhunger sprichwörtlich war, stets dafür Sorge trug, daß ihm der Vorrat nicht ausging. Er schonte weder seine Männer noch seine Pferde, seine Nahrung dagegen behandelte er mit größter Sorgfalt. Nie vergaß er, ein Stück rohes Fleisch unter den Sattel zu schieben, bevor er sich mit seinen Horden aufmachte, ferne Länder im Sturm zu nehmen: eine raffinierte Methode, um sowohl die Stöße bei seinem wilden Ritt durch die Steppe abzuschwächen als auch seine Hauptmahlzeit mürbe zu reiten, die ihm unterwegs bei der Rast unter freiem Himmel neue Kraft geben würde … Attila und sein Barbaren-Steak stehen am Anfang einer langen Kette von Reisenden – Eroberer, Monarchen, Krieger oder einfache Pilger, Forscher oder Schriftsteller –, die über die Jahrhunderte hinweg ihre Überlebensstrategien verfeinerten und perfektionierten. Es blieb ihnen gar nichts anderes übrig, denn bis zum Aufkommen der Autobahn-Raststätten, der Raststätten mit Drei-Sterne-Restaurant für Autofahrer an der Landstraße, den auf dem Tablett servierten Fertigmenüs in der Economyklasse der Flugzeuge oder der Speisewagen in den Zügen waren all jene, die vom Reisefieber befallen waren, auf sich selbst angewiesen. *Othilia, in curru sedens, sicut illis temporibus mos erat …* (Othilie thronte in ihrem Wagen, wie es zu jener Zeit Usus war …). Zur Zeit der Merowinger hatten wohlgeborene Damen wie Othilie,

Tochter des Herzogs vom Elsaß oder die letzten Merowinger keine andere Wahl, wenn sie sich auf Reisen begaben: Sie mußten wohl oder übel einen von diesen schweren Wagen benützen, die von Ochsen gezogen wurden oder aber einen Carpentum, einen zweirädrigen, zweispännigen Reisewagen mit Schutzdach. «Die Herbergen der galloromanischen Epoche existierten nicht mehr, mit

ihnen waren auch ihre miserable Küche und die schilfgefüllten Betten verschwunden. Auf den Straßen herrschte totale Anarchie. Die wenigen, die es überhaupt noch wagten, auf Reisen zu gehen, fanden lediglich in Klöstern oder von Mönchen geführten Herbergen Unterkunft», erzählt Paul Vallat in *Le Tourisme d'autrefois* (Der Tourismus von einst). Wenn man die Durchschnittsgeschwindigkeit eines Ochsen bedenkt, eines Tiers, das nun mal nicht gerade für sein rasantes Tempo bekannt ist, kann man sich in etwa vorstellen, welch Unterfangen zu jener Zeit der kleinste Familienbesuch darstellte. Zwischen zwei Stößen oder Rumplern knabberte man ergeben an den Vorräten, die man vorsichtshal-

Um 1900 besichtige man Ägypten vom Kamelrücken aus. Sein Picknick nahm man in eleganter Haltung in einem der Tempel ein.

Abbildung oben. Rast mitten in der Wüste im Jahr 1912.

ber mit auf den Weg genommen hatte. Mit dem Pferd kam man dann schneller voran. Die Schloßherrinnen mit ihrer großen burgundischen Haube auf dem Kopf, der Hennin, bestiegen ihren Zelter – natürlich eine Stute –, der mit einem reich bestickten Pferdeharnisch geschmückt war. In ihrem Gefolge waren außer ihren Dienerinnen, die bei den Pagen und Knappen hinten aufsaßen, noch ein oder zwei weibliche Mulis, die die Vorräte trugen. In ihren Packsätteln waren Brot, Obst, Wasser- und Weinschläuche verstaut, so daß man unterwegs nicht auf den Fraß der spärlich gesäten Herbergen angewiesen war und bis zum Ziel der Reise durchhalten konnte, wo einen der Gastgeber mit einem üppigen Mahl erwartete. Wenn man Größe und Umfang der Humpen und Bratspieße betrachtet, die noch in einigen mittelalterlichen Burgen aufbewahrt werden, kann man sich nur zu gut vorstellen, daß die Zechgelage und Festessen, die zum Empfang der Gäste veranstaltet wurden, alles andere als kümmerlich ausfielen. Man zögerte nicht, für das Willkommensmahl ganze Hammel in den gigantischen Kaminen am Spieß zu braten. Reisen macht eben hungrig …

Da war einst ein armer Italiener aus Verona, der von seiner Pilgerreise nach Santiago de Compostela zurückkehrte, erschöpft von dem langen Marsch, mit leerem Magen und nicht minder leerer Geldbörse. Betteln wollte er nicht. Also sagte er sich: «Wer schläft, der ißt.» Mit diesen Worten ließ er sich zu Füßen eines Baumes ins Gras sinken, nicht ohne zuvor ein kurzes, dennoch inbrünstiges Gebet zu sprechen. Glücklicherweise gelangte sein Gebet zu jenem Heiligen, zu dem er gepilgert war – es war der Apostel Jakobus. Diesem ging das Elend seines Pilgers zu Herzen. Und so fand sich dank göttlicher Fügung am nächsten Tag bei Morgengrauen direkt neben dem hungrigen Pilger ein großer Brotlaib mit knuspriger, goldbrauner Kruste. Es wird erzählt, daß sich dieses Wunder jeden Tag wiederholte, so lange, bis der fromme Veroneser wieder in seinem Heim angelangt war.

Wirklichkeit und Überlebensbedingungen der Pilger waren jedoch prosaischer.

Sicher, die Wallfahrt nach Santiago de Compostela war keine Kleinigkeit. Aber sie war nichts im Vergleich zu den Wallfahrten, die nach Jerusalem führten, lange Reisen, die mannigfache Gefahren in sich bargen. In Venedig ging man an Bord eines völlig überfüllten Schiffes, das jeglichen Komfort vermissen ließ. Man konnte froh sein, wenn es nicht beim ersten Sturm in den Fluten versank oder aber –, wenn einem dies erspart blieb –, von den Sarazenen überfallen wurde. Ganz zu schweigen von der Seekrankheit, die einem schwer zu schaffen machte und die man mit einer Ingwertinktur zu bekämpfen suchte, vom bestialischen Gestank, dem man mit einer Überdosis von Rosen- und Nelkenparfum zu Leibe rückte, der Hitze, den Kakerlaken und den Ratten. Wobei letztere des nachts auf einem herumliefen und – viel schlimmer – die Hirse auffraßen, die man für die Hühner mitgenommen hatte, die man aus gutem Grund bei sich hatte – das Essen an Bord war nahezu ungenießbar. Kein Wunder, daß unter solchen Umständen Ratschläge und Empfehlungen von Mund zu Mund gingen und gar Gegenstand von Veröffentlichungen waren. Abgesehen von den Grundnahrungsmitteln wie Schinken, Käse, Obst, Zucker und einigen Gewürzen wurde einem wärmstens empfohlen, sich mit «einem Federbett einzudecken, mit Kopfkissenbezügen und vier Bettüchern. Weiterhin sollte man eine Truhe mit sich führen, allerdings nur dann, wenn man sie verschließen konnte; dann kleine Fässer, zwei für den Wein, eines für das Wasser. Am besten hält sich das Wasser von Saint Nicolas; wenn es aus ist, muß man das Fäßchen an den Anlegestellen wieder auffüllen. Was den Wein betrifft, so eignet sich der Landwein von Padua, ein leichter Rotwein, am besten. Weiterhin empfiehlt es sich, einen Kochtopf mitzuführen, eine Pfanne, Schüsseln und Schalen, Gläser und eine Brotreibe.» Ein versierter Reisender zählt für zwei! An materiellen Dingen fehlte nun nichts mehr, der Pilger brauchte sich nur noch um sein geistiges Wohl, um seine Seele zu kümmern … und zu beten, damit er wieder heil zurückkam.

Die Merowinger hatten keine andere Wahl: Bei der «Schneckengeschwindigkeit», die die Ochsen vorlegten, zog sich die kleinste Reise endlos hin. Deshalb waren ihre Karren immer vollgestopft mit Lebensmittelvorräten für unterwegs.

Im Lauf der Jahrhunderte wurden die Fortbewegungsmittel immer besser und immer schneller. Man vernehme, was Madame de Sévigné ihrer Tochter über die Überfahrt über die Loire nach Blois am 9. Mai 1680 berichtete: «Bei schönstem Wetter gingen wir um sechs Uhr an Bord. Den Hauptteil meiner großen Karosse hatte ich an Bord bringen und so aufstellen lassen, daß keinerlei Sonnenstrahl ins Innere dringen konnte. Wir aßen Suppe und gekochtes Rindfleisch, beides ganz heiß, denn wir hatten einen kleinen Ofen dabei. Und wir aßen in der Karosse auf einem Holzbrett, genauso wie König und Königin.»

In gewisser Weise hatte die Marquise damit den Speisewagen erfunden, mit Rundumsicht und klimatisiert. Nun, sie gehörte ganz offensichtlich zu der Klasse derer, die sich gewisse Dinge leisten können … Die Erinnerungen der Pariser, die gezwungen waren, die Kutsche zu benützen, um nach Versailles zu gelangen, zeugen keineswegs von derselben Frische und sanften Heiterkeit. Diese aus Weiden gefertigten Kisten, in die man sich nur unter energischer Zuhilfenahme der Ellenbogen hineinquetschen konnte, waren nicht nur unglaublich unbequem, sie waren auch unglaublich langsam. Unvorstellbar, unter solchen Bedingungen unterwegs ein Picknick zu veranstalten!

Etwas später, als die ersten Dampfschiffe auf der Seine verkehrten, war es den Parisern möglich, in einer annehmbaren Zeit nach Melun zu gelangen. «Wenn das Schiff stranden sollte, konnte man den Schiffskoch kommen lassen und bei ihm ein Kotelett bestellen, das man inzwischen essen konnte, bis es dem Kapitän gelungen war, das Schiff wieder flottzumachen», erzählt Maurice Alhoy. Eines war sicher: Auf diesen «Steamers», so nannte man die Dampfschiffe allgemein, die im 19. Jahrhundert die Seine durchpflügten, brauchte man nicht vor Hunger umzukommen. Das fing schon beim Kapitän an, der alle drei bis vier Stunden sein Megaphon in die Hand nahm, um sich sein «Dîner» zu bestellen. «Er stieg auf die Kommandobrücke, nicht ohne auf dem Weg dorthin sämtliche Kinder unter sieben Jahren umzuren-

nen. In der Hand hielt er an Stelle des Lorgnons ein Kotelett und ein weichgekochtes Ei …» Was die Passagiere betraf, so nahmen sie ihr Ungemach gelassen hin und deckten sich mit ausreichend kleinen kalten Mahlzeiten ein, hatten sie doch in die Fähigkeit des Schiffskochs, der über die Kantine herrschte, keinerlei Vertrauen. Die schlimmsten waren, nach Maurice Alhoy, jene, die den Heizungskessel «als wirtschaftlichen Ofen» betrachteten und «auf den Eisenplatten der Kesseleinfassung Blutwürste und Kartoffeln kochten. Die Mischung aus dem Essensgeruch und dem ‹Duft› der Steinkohle war nun mal nicht nach dem Geschmack aller Seefahrer und müßte mit Verbot belegt werden!» empörte er sich. In der Tat, eines fehlt immer auf Reisen, gestern wie heute: der Platz. Bereits im letzten Jahrhundert waren die Zeitungen voll mit klugen Ratschlägen, wie man dieses Manko durch eine nahtlos funktionierende Organisation einigermaßen ausgleichen konnte.

An der Art und Weise, wie er seine Berline eingerichtet hatte, zeigte sich Persönlichkeit und Geschmack des Besitzers. Bisweilen waren diese viersitzigen Reisewagen – wie zum Beispiel der der Großmutter von George Sand – mit derart vielen Raffinessen ausgestattet, daß man meinte, ein Haus auf Rädern vor sich zu haben: «Die unzähligen Innenfächer und Taschen dieses Gefährts waren vollgestopft mit Reiseproviant, mit Leckereien, Parfums, Spielkarten, Reisebeschreibungen, Geld und was weiß ich noch alles. Man hätte glauben können, wir würden einen Monat unterwegs sein …», erinnerte sich George Sand. In der Berline des Generals Durakin waren ebenfalls eine ganze Reihe von Taschen und Täschchen angebracht, voll mit Wein und Speisen, die dazu bestimmt waren, den Helden bei guter Laune zu halten: «Sobald Madame Derigny oder Jacques bemerkten, daß auf der Stirn des Generals ein erstes Unmutsfältchen erschien, sein Mund sich etwas zusammenzog und seine Gesichtsfarbe anfing, ins Rötliche überzugehen, boten sie ihm einen kleinen Imbiß an, um die Zeit bis zur Herberge zu überbrücken, wo eine vollständige Mahlzeit auf ihn wartete.

Die Berline des Generals Durakin war ebenso wie die von George Sands Großmutter eine Art Speisekammer auf Rädern. Illustration von Emile Bayard, 1979.

Dieser kleine Trick verfehlte nie seine Wirkung …»

Balzac, dessen enormer Appetit allenthalben bekannt war, mußte sich offensichtlich erst in die polnische Gräfin Evelina Hanska verlieben, um die Härten einer Reise nach Polen zu Beginn des 19. Jahrhunderts klaglos zu ertragen … Er, den man bei Véry im Palais Royal «hundert Austern von Ostende, zwölf Koteletts, ein Entenküken mit Teltower Rübchen, zwei gebratene Rebhühner und eine Seezunge aus der Normandie» hat verschlingen sehen (ja, es stimmt, dazu kamen noch die Hors d'oeuvres und die Süßspeisen und natürlich ein guter Wein), begnügte sich auf dieser langen Reise, an deren Ende er seine ausländische Geliebte endlich in die Arme schließen konnte, mit einem überaus bescheidenen Proviant. Man urteile selbst: «In einem kleinen handlichen Korb hatte ich Zwieback, Kaffeepulver, Zucker, eine gefüllte Zunge und eine kleine Korbflasche mit Anisette untergebracht. Dies war mein Proviant für acht Tage, unterwegs brauchte ich dann nur nach Milch zu fragen, *milken* [!] auf deutsch, auf polnisch *liko*» (Lettre sur Kiev).

Wenn Charles Dickens mit seiner ganzen Familie nach Italien fuhr, so vergaß der für die Postkutsche Zuständige nie – wie Dickens anmerkte –, «einen Korb mit kaltem Huhn, Schinken, Brot und Keksen für die Mahlzeit unterwegs irgendwo im Wagen unterzubringen».

Nicht alle Reisenden haben soviel Glück. So war in der Postkutsche Rouen – Le Havre, die nach dem Debakel von 1871 über die unsicher gewordenen Straßen Frankreichs holperte, wo jederzeit ein Trupp preußischer Soldaten aus dem Hinterhalt hervorbrechen konnte, keinerlei Proviant für unterwegs vorgesehen. Einzig und allein Boule de Suif (Fettkugel) hatte daran gedacht, Reiseproviant mitzuführen. Ihre ganze Großzügigkeit tritt im Zusammenhang mit diesem wohlgefüllten Korb zutage, den sie unter die Sitzbank geschoben hatte und dessen Inhalt für eine Reise von drei Tagen vorgesehen war, «damit sie nicht auf die Küche der Herbergen angewiesen war». Der Graf und die Gräfin von Bréville, die Ehepaare Carré-Lamadon und Loiseau sowie die Klosterschwestern, die diesem dicken, leicht errötenden Mädchen seit Beginn der Fahrt mit verächtlichem Desinteresse begegnet waren, vollziehen mit der für sie charakteristischen, schamlosen Heuchelei eine totale Kehrtwendung, als es darum geht, an den Inhalt des reich bestückten Korbes zu gelangen … Maupassant schildert diese Szene derart genüßlich, daß sich jeglicher Kommentar erübrigt: «Zuerst holte sie einen kleinen Steingutteller aus dem Korb und einen schmalen Silberbecher, dann eine große Terrine mit zwei aufgeschnittenen Hühnern in Aspik; in dem Korb waren aber auch noch andere leckere Dinge wie Fleischpasteten, Früchte und Süßigkeiten […] Zwischen all den Eß-

Man tat gut daran, sich mit Vorräten einzudecken, wenn man die Postkutsche Rouen – Le Havre bestieg. Die Aufenthalte waren jeweils kurz, und auf die Herbergen war kein Verlaß: nachzulesen in Boule de Suif …

waren sah man vier Flaschenhälse herausragen. Sie nahm einen Hühnerflügel und begann, ihn zusammen mit einem dieser Brötchen, die man in der Normandie ‹Régence› nannte, behutsam zu essen. Alle Blicke waren auf sie gerichtet. Nun verbreitete sich der Hühnerduft in der Kutsche. Die Nasenflügel begannen zu beben, die Nasenlöcher öffneten sich weit, und in den Mündern lief der Speichel zusammen, begleitet vom schmerzhaften Zusammenziehen des Kiefers unterhalb der Ohren …»

Im Handumdrehen fallen wie durch ein Wunder die Schranken des Hochmuts, die bisher die tugendhaften Reisenden von diesem Mädchen getrennt hatten, von der man annahm, sie sei eine Dirne. «Der erste Schritt kostete große Überwindung. Als aber der Rubikon erst einmal überschritten war, ließ man jegliche Hemmungen fallen. Der Korb wurde geleert. Es waren nur noch eine Gänseleberpastete, eine Amselpastete, ein Stück geräucherte Zunge, Birnen von der Sorte Passa Crassana, ein Eck Pont l'Evêque, Petits fours und in Essig eingelegte Cornichons mit Zwiebeln darin, denn Boule de Suif war, wie alle Frauen, ganz scharf auf rohes Gemüse.»

Man weiß, wie es weiterging. Ohne all die leckeren Sachen, die ihr Korb enthalten hatte, und nachdem sie von sämtlichen Mitreisenden unter Druck gesetzt worden war, dem preußischen Offizier ihre Gunst zu gewähren, damit sie endlich ihre Fahrt fortsetzen konnten – er hatte die Reisenden gezwungen, bei ihrem ersten Halt die Fahrt abzubrechen, und sie in einer finsteren Herberge festgehalten –, fand sich Boule de Suif gegen Ende der Reise ganz alleine, keiner der Reisenden beachtete sie mehr, man schloß sie sogar von den vorzüglichen Fleischpasteten und den großen Käseecken aus, die man sich vorsorglich bereiten hatte lassen, bevor man die Reise wieder fortsetzte.

Ganz eindeutig verläßt man sich am besten auf sich selbst – auf andere ist oft kein Verlaß. Insbesondere in jenen Ländern, in denen die Entfernungen zwischen zwei Zivilisationspunkten geradezu erschreckend sind: In dieser Beziehung hält Rußland für den Reisenden

einiges bereit, unvergeßliche Eindrücke und Erinnerungen an Mahlzeiten, die jeden Feinschmecker erschaudern ließen. «Man war gezwungen, alle nötigen Nahrungsmittel für unterwegs mitzunehmen, andernfalls wäre man dazu verdammt, sich ausschließlich von Eiern und Milch zu ernähren, war es doch eine Ausnahme, daß man in den Elendsquartieren der Bauern, an denen man anhielt, etwas anderes vorfand», stellte Daniel Lescallier im Jahre 1775 fest.

Jean-Baptiste May, der fünfzig Jahre später in Rußland unterwegs war, emp

Bei den Rennen in Ascot im Jahre 1870.

fahl, vor allem im Winter zu reisen, da der Schnee die Unebenheiten des Geländes unter einem dichten Teppich verschwinden ließ. Ganz plötzlich nahm das Abenteuer, die Durchfahrt durch einen Wald, den hungrige Wölfe auf der Suche nach Nahrung durchstreiften, eine Wendung ins Zivilisierte: «Ein mit allem Nötigen ausgestatteter Schlitten entschädigte einen für alles. In warme Pelze eingehüllt, lässig auf Matratzen oder Federbetten ausgestreckt, die die sowieso kaum noch wahrnehmbaren Stöße des Schlittens dämpften, mit köstlichen Speisen und den besten französischen oder spanischen Weinen eingedeckt, so legten die reichen Russen nicht selten achtzig Meilen in 24 Stunden zurück, genauso gut essend, trinkend und schlafend, als ob sie ihr Haus gar nicht verlassen hätten.»

Théophile Gauthier berichtete 1858 von seinen bewegenden Erinnerungen an Ausflüge auf die Inseln der Newa, «unvergeßliche Ausflüge, die oft des Nachts stattfanden bei Temperaturen, die das Thermometer zum Gefrieren brachten». Die Troika hielt vor einer verschlafenen Herberge, «die Lichter gingen an, der Samowar wurde angeheizt, die Flaschen mit Veuve Cliquot bereitgestellt, Teller mit Kaviar, Schinken, Heringsfilets, Haselhuhnfrikassee in Gelee und kleine Küchlein. Man nahm hier ein Häppchen und dort, man nippte an einem der vielen verschiedenen Gläser, man lachte, redete, rauchte und zum Nachtisch ließ man sich von den Eisstapeln herunterrollen, die die Muschiks mit ihren großen Laternen in helles Licht tauchten ...» Eine fröhliche Zeit, in der die russischen Adeligen den ganzen

Komfort ihres Hauses mit sich nahmen, wenn sie auf Reisen gingen, vom Bett bis hin zur Küche.

Der etwas bescheidenere Reisende hielt an schönen Tagen am Ufer eines Baches an, entließ die Pferde aus dem Schlittengespann, damit sie trinken konnten, und tat sich an Eiern gütlich, die in der heißen Asche gekocht wurden, an dicken Gurken und kleinen Fleischpasteten. Bisweilen warf er Angel oder Fangnetz aus und improvisierte in der feucht-schwülen Sommerhitze ein kleines Festmahl: «Als Egoruschka vom Fluß heraufkam, brannte an der Böschung ein kleines Feuer. Die Fuhrleute waren dabei, das Essen zu bereiten. Stjopka stand inmitten des Rauches und rührte mit einem großen, schartigen Löffel im Topf. Etwas entfernt davon saßen Wassja und Kirjuschka, die Augen vom Rauch gerötet, und nahmen die Fische aus. Vor ihnen auf dem Boden lag das Fangnetz, an dem Schlick und Gräser hängengeblieben waren; silbern glänzten die Fische darin, und es wuselte von Flußkrebsen.» *(Step – Die Steppe, von Anton P. Tschechow).*

Ab 1906 konnte man mit der Eisenbahn von Moskau nach Wladiwostok fahren (9000 Kilometer), im Vergleich zur Fahrt im Schlitten natürlich viel schneller, aber auch sicherer. Dennoch war es eine weite Reise, der erfahrene Reisende deckte sich mit einem ordentlichen Lebensmittelvorrat ein, insbesondere Eier und «Pelmeni», die russische Version der italienischen Ravioli. Im Zug selbst war dafür gesorgt, daß die leicht verderblichen Nahrungsmittel so untergebracht wurden, daß sie nicht schlecht wurden, und an jeder Bahnstation fand man Töpfe mit kochendem Wasser auf großen Feuern vor, auf denen jeder Reisende sich sein Essen zubereiten konnte.

Andere Länder, andere Sitten, andere Speisen ... Bis zum Jahre 1959 kündigte in Lhasa der Einzug des Frühlings den Beginn der Picknicksaison an. Gefolgt von ihren Dienern, die die Lebensmittel schleppten, die Töpfe mit der Glut (Brennstoff waren die Fladen des Yak) und die kunstvoll gearbeiteten und verzierten Teekannen aus rotem Kupfer, verließen die Adeligen die Stadt, um sich zu dem Garten des Sommerpalastes des

Dalai Lama zu begeben. Auch wenn man hier nicht von einer Feudalgesellschaft im üblichen Sinn sprechen kann, genoß der Adel in Tibet ganz ähnliche Privilegien wie die französische Aristokratie des 19. Jahrhunderts: In den großen herrschaftlichen Häusern in Lhasa waren die Bediensteten Legion, dennoch weniger zahlreich als Läuse und Flöhe. Die verräucherten Räume, der Kloakengestank und der Staub in den Häusern, all das trug dazu bei, daß die Tibeter, sobald dies möglich war, nur zu gerne ihre Mahlzeiten ins Freie verlegten; gleichzeitig knüpften sie damit an das nomadische Leben und die nomadischen Sitten ihrer Vorfahren an. Tatsäch-

lich war es so, daß die gesamte Stadt, Arme und Reiche gleichermaßen, dank dieser Picknicks den ungesunden Innenräumen entflohen, die im Winter einen warmen Unterschlupf boten, sich im Frühjahr jedoch in finstere, übelriechende Höhlen verwandelten. Das Essen selbst stellte eine subtil ausgewogene Mischung zwischen dem traditionellen gegrillten Yakfleisch dar, der täglichen Nahrung der Nomaden, und den vielen exotischen Gerichten, die aus China, Indien und der Mongolei ihren Weg nach Tibet gefunden hatten: mit Fleisch gefüllte Teigtaschen, chinesische Nudeln, gewürzt mit kunstvoll zubereiteten Soßen, indische Currygerichte ... Dazu

natürlich die tibetische Spezialität, liter-
weise Buttertee, ein heißes Getränk auf
der Basis von Tee, Butter, Salz und
manchmal einem Ei, das von den Festmählern nicht wegzudenken war und
für seine verdauungsfördernde Wirkung
allgemein bekannt war. Ganz zu schweigen vom «Chang», dem Gerstenbier, das
Sänger und Tänzer befeuerte. Mit der
Ankunft der Chinesen in Tibet, seit den
Blutbädern, die sie unter den Einheimischen veranstaltet haben, und seit der
Flucht der Aristokratie liegen die Rasenflächen des Sommerpalastes verlassen da,
die Zeiten der fröhlichen Picknicks der
Nachfahren der Nomanden sind für
immer vorbei.

Ortswechsel. Hier verschmilzt der
Himmel mit den bis ins Unendliche rei-
chenden Dünen. Schatten gibt es fast keinen, und das Wasser hat die verwa-
schene Farbe einer Fata Morgana. Hier
bleibt einem gar nichts anderes übrig, als
im Sand zu picknicken, vorzugsweise bei
Anbruch der Nacht, wenn das Schweigen der Wüste schwer auf allem lastet,

die Luft jedoch, gereinigt von der Hitze
des Tages, leicht geworden war. Bei
einer Expedition in die Sahara konnte
man davon ausgehen, daß die Sterne am
Wüstenhimmel weitaus zahlreicher waren als jene, die die Speisekarten zu adeln
pflegten, bestand das Menu im wesentlichen doch nur aus Corned beef, Sardinen, Artischockenherzen und Obstsalat
aus der Dose, dazu noch Nescafé und frisches Wasser, das in Thermosflaschen
oder Lederschläuchen aufbewahrt wurde. «Wüstenfüchse» wußten sich zu helfen, indem sie mit einem Fläschchen
Grand Marnier der Alltagskost das gewisse Etwas verliehen, zum Beispiel der
Kondensmilch aus der Tube, die es zum
Nachtisch gab; es gelang ihnen, selbst in
der kleinsten Oase frische Datteln aufzu-
treiben, mit denen sie das ewig gleiche
Zwieback-Marmeladen-Frühstück auf-
lockerten. Manchmal allerdings machte
einem der Wind einen Strich durch die
Rechnung und man bekam außer Sand
nichts zwischen die Zähne …
Aber letztlich bleibt Reisen immer dem
Wagemut jedes einzelnen überlassen.
Als sich unsere Vorfahren auf den

*Abbildung oben. Rast
während der Wild-
schweinjagd in Indien.
Lithographie nach Hob-
day, 19. Jahrhundert.*

*Abbildung links. Tourist
zu sein zu Beginn unse-
res Jahrhunderts, ja, das
war noch etwas! Man
sehe sich nur auf diesem
Bild das königliche Tête-
à-tête zu Füßen der
Pyramiden von Gizeh
an, vom Pinsel des
Malers Franz Vinck
(1827–1903) verewigt.*

Spuren der Archäologen nach Oberägypten wagten, trieb sie zwar eine gewisse Abenteuerlust, dennoch war ihr Sinn für Komfort mindestens genauso stark ausgeprägt. Wenn sie anhielten, um ihr Mittagessen einzunehmen, so ließen sie sich im Schatten einer Ruine nieder, deren jahrhundertealten Steine ihnen etwas Kühle boten. Eine Armada von Dienern setzte sich in Bewegung, der Tisch wurde aufgeklappt oder aber ein großer Stein mit einem Tuch in einen Tisch verwandelt. Die Speisen, die gereicht wurden, waren alle nach einheimischen Rezepten gekocht. Die Körbe waren voll mit Flaschen. Die Zeit schien stillzustehen …

Anders als heute, wo man die Länder im Eilschritt durchrast – Europa in fünf Tagen! – verstand man es damals noch zu reisen. Und man ließ es sich auf

diesen Reisen in ferne Länder gutgehen. Man sehe sich einmal das Campingauto an, mit dem der Baron Crawhez im Jahre 1909 in den Hohen Atlas nach Algerien fuhr, um dort seiner Jagdleidenschaft zu frönen. Öffnete man die beiden rückwärtigen Türen des Automobils, so erkannte man auf den ersten Blick, daß der Besitzer ein ausgefuchster Reisender war: Oberhalb der Türen eine Art Mar-

Abbildung links. Zu leben verstand man in dieser Epoche ganz offensichtlich. Hier sehen wir den exzentrischen Jagdliebhaber Baron Crawhez im Jahre 1909 auf einem seiner Jagdausflüge in Algerien – ausgestattet mit all dem modernen Komfort, der für ihn nun mal unerläßlich war, um standesgemäß zu reisen …

Kann man sich etwas Exotischeres vorstellen, als im Schatten eines Tempels, im Dschungel oder in den Bergen Südafrikas auf dem Boden sitzend Frikadellen oder Curryhuhn zu verzehren? Gesteigert werden kann das Ganze nur noch dadurch, daß man einen ganzen Troß von Trägern und Dienern mit sich führt …

Abbildung unten. Noél in Südafrika, um 1927.

kise, die bei Bedarf heruntergelassen werden konnte; in den Türen selber fand alles mögliche Platz, vom Tellerbord über Werkzeugkästen bis hin zum Gewehrständer. Selbstredend war auch eine Klapp-Bar vorhanden, ein Spiegel mit Toilettenartikeln, ebenfalls ausklappbar, und – in einer Ecke untergebracht – ein Bücherbord mit Schreibgarnitur … Der nicht minder exzentrische als abenteuerlustige Baron sitzt gut gesättigt auf einem Regiestuhl aus graubraunem Stoff, zieht genüßlich an seiner Zigarre und blickt über den Tisch hinweg, auf dem Essensreste letzte Zeugen eines üppigen Mahles sind. Ein Bild zum Träumen … Ganz anders heutzutage. Die Menschen sind von einem minderwertigen, pseudoexotischen Tourismus derart übersättigt, daß sie gar nicht mehr wissen, was sie sich noch einfallen lassen

können, um sich zumindest die Illusion von Abenteuer zu verschaffen. Da witterte doch einer von diesen cleveren Typen die plötzlich aufflammende (und genauso schnell wieder abflauende) Begeisterung gewisser, von Hause aus blasierter Touristen für das zeitlose Vietnam. Flugs schlüpfte er in das Mäntelchen des Geschäftsmannes und organisierte Picknicks in der Bucht von Along auf nigelnagelneuen Sampans. Auf dem Programm: vietnamesische Krabben, französischer Champagner und russischer Kaviar. Als Zulage wird geboten: kristallklares Wasser, soweit das Auge reicht … Da ist ein amerikanischer Journalist, dem die zündende Idee fehlte, als der Chefredakteur der *Los Angeles Times* ihm wie allen anderen Korrespondenten dieser Zeitung den Auftrag gab, einen Artikel über sein schönstes Picknick zu schreiben. Er hat es gefunden, sein Picknick. Es wird in aller Einfachheit stattfinden, an keinem geringeren Ort als auf den Grabstätten, in denen die Mitglieder der Ming-Dynastie ruhen, gar nicht weit weg von Peking. «Bringen Sie einen Klapptisch und eine Decke mit; was das Essen anbetrifft, so empfiehlt es sich, Wein und Käse dabeizuhaben, beides kann man in den großen Hotels von Peking bekommen.» Hoffen wir nur, daß die Schönheit der Umgebung eindrucksvoll genug ist, um den Gast die Dürftigkeit seines Mahles vergessen zu lassen!

Manchmal ist es allerdings umgekehrt: Die Umgebung entspricht nicht der Raffinesse des Gedecks und der Feinheit der Speisen. Das beste Beispiel hierfür bietet die militärische Tradition. Beginnen wir mit einem Glanzstück, bei dessen Lektüre Ihnen sicher das Wasser im Munde zusammenlaufen wird – es handelt sich um den 4. Akt von Cyrano de Bergerac, in dem Roxane ihrem Geliebten aufs Schlachtfeld nachreist. Starr vor Staunen vernehmen die Kadetten, was die Schöne ihnen als Menu vorschlägt: Fleischpasteten, diverse Chaudfroids, erlesene Weine … All das zaubert sie aus ihrer Karosse hervor wie ein Zauberkünstler die weißen Kaninchen aus seinem Hut.

Im Handumdrehen ist das Tischtuch im Gras ausgebreitet und der Tisch gedeckt.

Der Kutscher macht die Soßen heiß, die Lakaien sind damit beschäftigt, das Essen herzurichten, sie tranchieren das Reh, entbeinen die Hammelkeule … und betten einen mit Trüffeln gefüllten Pfau auf eine Silberplatte! «Unsre letzte Schlacht ist nicht geschlagen / Bevor nicht prall ist unser Magen!» ruft einer der Kadetten, während Ragueneau ein Kissen nach dem anderen aus der Karosse nach draußen wirft: «Die Kissen, sie sind mit Leckereien gefüllt!» staunt er und fährt mit der Bestandsaufnahme fort. Da ist der Rotwein, «Fläschchen wie Rubin! …», der Weißwein, «Topas-Fläschchen!», eine Laterna magica, «jede Laterne ist ein kleines Vorratsschränkchen!», eine Kutscherpeitsche, «der Stiel ist eine Wurst aus Arles!» Roxane geht von einem zum anderen: «Hier, Sie haben Zeit – Essen Sie nicht so schnell! – Trinken Sie ein wenig. – Warum weinen Sie?» «Das ist einfach zu gut! …» seufzt der erste Kadett schon ein bißchen beschwipst.

Glauben Sie nicht, daß dieses denkwürdige Festmahl eine reine Erfindung von Edmond Rostand war. Die Reise«nécessaires» für den Landaufenthalt der französischen oder englischen Offiziere zur Zeit der großen napoleonischen Kriegszüge waren voll mit kleinen, feinen Details, die keinen Zweifel aufkommen lassen über die Natur gewisser Picknicks, die die Militärs annodazumal zu veranstalten pflegten.

Zu allen Zeiten verstanden es Könige und Staatsoberhäupter, nicht nur ihr «Image» zu pflegen, sondern auch dem Alltagsmenu besonderen Glanz zu verleihen. Von Kyros, dem Herrscher der Perser, berichtet uns Herodot folgendes: «In den Krieg ziehen bedeutete für einen Perser, noch dazu wenn er Kyros hieß, daß er buchstäblich sein ganzes Land mit sich führte: seine Nahrungsmittel, seine Herden und sogar seinen Fluß. König Kyros der Große trank in der Tat nur das Wasser aus dem Fluß Choapse, der nahe bei Susa verlief. Also transportierte man auf unzähligen, von Mulis gezogenen Karren das in Silbergefäße gefüllte, abgekochte Wasser des Choapse. Wo auch immer der König hinzog, stets hatte er dieses Wasser dabei.» Nun ja, jeder hat

Haben sie nicht eine stolze Haltung, diese Marketenderinnen des Zweiten Kaiserreichs mit ihren Rotkäppchenkörben und den Bernhardiner-Fäßchen?

so seine kleinen Marotten. Obwohl die Könige und ihresgleichen immer darauf aus waren, möglichst schnell möglichst viele Länder zu erobern, liebten sie dennoch Festmähler aller Art und fanden die Muße, sich den Genüssen der Tafel hinzugeben. Bisweilen bedienten sie sich ihrer gar als Kriegslist. So hatte Kyros, von dem bereits die Rede war, der Königin der Massageten den Krieg erklärt, weil diese es gewagt hatte, seine Hand auszuschlagen. Er folgte dem Rat von Krösus, dessen Kriegslist eindeutig den genießerischen Schlemmer verriet: «Die Massageten», so sprach der lydische König zu ihm, «sind sehr arm, sie besitzen so gut wie nichts, von dem Luxus und den Annehmlichkeiten, die wir gewöhnt sind, können sie sich keine Vorstellung machen. Laßt uns Tiere aus unseren Herden töten, ohne darauf zu achten, was uns das kostet. Bereiten wir sie zu und bringen wir sie bei einem großen Festmahl, das in unserem Lager stattfinden wird, auf den Tisch. Reichlich Wein dazu und alles, was Ihr Euch sonst noch wünscht. Lassen wir dann alle Soldaten dort zurück und kehren wir mit dem Rest des Heeres zum Fluß zurück. Ich gehe jede Wette ein, daß die Massageten beim Anblick des Essens nur noch einen Gedanken haben werden … Dann kommt unsere Stunde, in der wir zeigen können, was in uns steckt.» Gesagt, getan.

Und Jacques Lacarrière fährt in seiner Übersetzung von Herodot fort: «Hierauf traf ein Drittel der massagetischen Truppen im Lager ein und metzelte die unglücklichen Soldaten nieder, die dort von ihrem König zurückgelassen worden waren. Als die Massageten den gedeckten Tisch erblickten, fackelten sie nicht lange und ließen sich nieder, um ihren Sieg zu feiern. Sie aßen und tranken nach Herzenslust und fielen sodann in totenähnlichen Schlaf. Die Perser brauchten nur noch zu kommen; die meisten Massageten metzelten sie nieder, der Rest wurde gefangengenommen.»

Die Freude am Risiko

«Normalerweise mache ich mir nichts aus Senf, es kommt selten vor, daß ich welchen esse. Aber genau jetzt in diesem Moment hätte ich alles dafür gegeben, um Senf zu haben … Die Tatsache, daß kein Senf da war, drückte die Stimmung auf dem Boot ein wenig. Schweigend aßen wir unser Rindfleisch. Mit einem Mal schien uns das Dasein leer und nichtig …» Nichts zu wollen. Unabhängig von den Umständen, dem Ort und der Zeit – nie ließen sich rechtschaffene Menschen von der Abenteuerlust so weit hinreißen, daß sie darüber die Freude an den wesentlichen – den guten – Dingen vergessen hätten. Und ein kalter Rinderbraten ohne Senf oder eine Lammkeule ohne Minzsauce ist nun mal – für einen Engländer, versteht sich – dasselbe wie eine Sonne, die nicht wärmt oder Weihnachten ohne Plumpudding. In einem Wort: eine Katastrophe. In kaum einem Buch wird dieser Sachverhalt vergnüglicher und treffender geschildert als in *Three Men in a Boat* (Drei Mann in einem Boot). In welches Abenteuer auch immer man sich stürzen will – Berge, Wüste, Meer –, dieses kleine, in jeder Beziehung leichte Büchlein von Jerome K. Jerome sollte man sich unbedingt vorher zu Gemüte führen. Erinnern Sie sich … Die drei Freunde George, Harris und der Erzähler sind in einem Boot unterwegs. Eines Tages halten sie an, um etwas zu essen. Die unvermeidliche Scheibe Rindfleisch wird aus dem Korb geholt. Nur: Der Senf ist nicht da. Vergessen. Was soll man da sagen? Jemand, besser jeder, hatte vergessen, dieses schlichte kleine Töpfchen in den Picknickkorb zu stecken, diese natürliche Würze, die aus einem ganz gewöhnlichen Rinderbraten eine unvergleichliche Delikatesse macht. Schwamm darüber … Jeder fühlte sich schuldig, also wagte niemand, etwas zu sagen … «Der Anblick des Apfelkuchens tröstete uns ein wenig, und als George eine Büchse Ananas aus dem Korb hervorzauberte und auf uns zurollen ließ, schien es uns plötzlich, als ob das Leben dennoch lebenswert sei.» Verzweiflung und Begeisterung sind oft nahe beieinander im Abenteuer, und eines kann im Handumdrehen ins andere umschlagen. «Dann suchten wir den Büchsenöffner. Wir suchten ihn im Korb. Wir suchten ihn im Koffer. Wir suchten ihn ganz hinten und ganz unten im Boot. Wir packten all unsere Sachen aus, jedes einzelne Stück wurde am Ufer ausgebreitet und mit größter Sorgfalt durchsucht. Kein Büchsenöffner. Harris versuchte, die Büchse mit einem Taschenmesser zu öffnen. Die Klinge brach und schnitt ihm tief in die Hand. George sprang ein, er versuchte es mit einer Schere. Sie sprang ihm aus der Hand, um ein Haar hätte er sich damit ein Auge ausgestochen. Während die beiden ihre Wunden versorgten, versuchte ich mit der Spitze des Bootshakens ein Loch in die Büchse zu schlagen. Aber das Ding glitt ab, ich landete zwischen Boot und Flußufer im Wasser, zwei Fuß tief steckte ich im Schlamm. Die Ananasbüchse, die als einzige heil und ganz geblieben war, rollte in den hintersten Winkel des Bootes, nicht ohne auf dem Weg dorthin noch eine Tasse zu zerbrechen …» Diese zeitlose Geschichte, der man anmerkt, daß der Autor die geschilderten Abenteuer am eigenen Leibe erlebt hat, hat nichts von ihrer Aktualität verloren, wenngleich sie bereits 1889 geschrieben wurde.

Der alte Fischer, den Alphonse Karr 1870 im Lauf seiner «Spaziergänge am Meer» traf, bela-

stete sich mit keinerlei Spezialausrüstung, als er seine Freunde zu einem Picknick in die Bucht von Sainte-Adresse einlud. Mehr als zufrieden darüber, daß er auf dem Meer auf ein großes, unter der Wasseroberfläche dahintreibendes Weinfaß stieß, warf er seinen Anker nach ihm aus, entfernte den Spund und kostete mittels eines Schilfrohres von dessen Inhalt … In Anbetracht der Qualität und vor allem der Quantität dieses Nektars, lud er unter größter Geheimnistuerei einige Saufköpfe ein, ihm eines Tages im Boot zu folgen: «Ich lade euch zu einem anständigen Gelage ein. Ihr bringt das Essen mit, ich liefere das Getränk.» Wie es weiterging, kann man sich unschwer vorstellen: Die kleinen Boote kamen längsseits an das Faß, jeder nahm mit einem Stück Schilfrohr einen tüchtigen Schluck vom Bordeaux – ja, es war tatsächlich Bordeaux, noch keineswegs von minderer Qualität! Nicht ganz einfach dieses Manöver, denn nach den Worten des Autors war das Meer an diesem Tag alles andere als unbewegt …

Zwar herrscht am Mittelmeer im allgemeinen kein allzu hoher Seegang, dafür ist es berüchtigt für seine plötzlich losbrechenden Stürme. Deshalb entfernten sich die Fischer mit ihren kleinen Motorbooten bis vor noch nicht allzu langer Zeit nie sehr weit von der Küste. Um die Insel Porquerolles herumzufahren oder die Halbinsel von Giens zu umrunden, um dort bei den Felsen zu fischen, wo man seine Stellen hatte und wußte, wo der Fisch stand, allein das konnte bereits mehrere Tage in Anspruch nehmen. Mit seinem spitzen Holzboot, dem «pointu», den Netzen, einigen Reusen für den Langustenfang und der Leine mit Schwimmern und Angelschnüren an Bord, fuhr der Fischer zusammen mit seinem Matrosen aufs Meer hinaus, um die Netze auszulegen. Immer hatte er auch seinen Kochtopf mit dabei, hinten im Schiff verstaut, «la pignato», dann die «faouque», die Schüssel aus Kork, außerdem einige Zutaten für die Bouillabaisse, Zwiebeln, Kartoffeln, Knoblauch und Brot. Wie schnell konnte hier an der Küste ein Sturm aufkommen! Die Bucht von l'Oustaou de Diou auf Porquerolles oder der Pointe Madame gegenüber auf

der Halbinsel Giens hat mehr als einem Unglücklichen Schutz und Zuflucht geboten. So unglücklich war er allerdings nicht, fanden sich hier doch nicht selten mehrere «pescadous» – Fischer – ein und kochten zusammen die Bouillabaisse. Wenn man Schutz gefunden und das Boot gut vertaut hatte, hieß es erst einmal, ein ordentliches Feuer in Gang zu bringen, nicht einfach bei all den Felsen. Dann den Kochtopf mit Wasser aufs Feuer und das Wichtigste: die Fische, einer nach dem anderen, gerade so viele, daß sie noch etwas mit Wasser bedeckt waren. Es folgen ein Meeraal, der der Brühe den besonderen Geschmack verleiht, Zwiebeln, Safran, Olivenöl, eine Tomate, eben alles, was man so bei sich hatte, dann die Kartoffeln, die die Brühe schön sämig machen, wenn sie weichgekocht sind und zerfallen. Schließlich wird alles noch mit Gewürzen abgeschmeckt. Auf dem Feuer köchelt die Bouillabaisse, die Brühe kocht mit der Zeit immer mehr ein, wird immer konzentrierter. Die Fischer lehnen sich entspannt zurück, erzählen von ihren Fischzügen, von ihren Abenteuern auf See. Während das Meer brüllt und tobt und die Ehefrauen daheim wie weiland Penelope voller Sorge ihre Handarbeit beiseite legen, sitzen die Fischer in ihrer kleinen Felsenbucht beim Picknick: mit reichlich Knoblauch eingeriebene Brotscheiben, die in den «tian», eine Tonschale gegeben und mit dem Konzentrat der Brühe übergossen werden, bis sie sich vollgesaugt haben, die Fische, die in der Korkschale angerichtet sind und dazu gegessen werden. Dies ist die klassische «boui-abaisso dei pescadou», die Bouillabaisse der Fischer, wie sie Georges Cooper, ein Freund der Fischer, Dichter und Koch in seinem Buch *La Bouillabaisse à travers les âges* (Die Bouillabaisse durch die Jahrhunderte) beschrieben hat, in dem er sich als «Gärtner des Meeres» vorstellt.

Seeleute sind es gewohnt, Vorsorge zu treffen, unabhängig davon, ob sie nur einen Tag auf dem Meer unterwegs sind oder aber die Weltmeere durchkreuzen. Sie müssen nach dem Wetter schauen und für den Notfall soviel Lebensmittel an Bord haben, daß sie überleben können, bis Hilfe kommt. Sie wissen, daß man Kohl – Blumenkohl, Grünkohl und Blaukraut – ewig lange im Laderaum aufbewahren kann, wenn man in den Strunk des Kohlkopfes ein kleines Loch bohrt und ihm so regelmäßig einige Tropfen frisches Wasser zuführt. Sie wissen auch, daß man Eier lange frisch halten kann, wenn man sie ordentlich mit Öl einreibt, bevor man sie sorgfältig an einem lichtgeschützten Platz unterbringt. Und vor allem weiß der Seemann, daß es ein Vorteil ist, weder der Jüngste noch der Kleinste zu sein, wenn das Schiff am Sinken ist und die Lebensmittel auf dem Behelfsfloß langsam zur Neige gehen … Als er Kind war, hat er geträllert «Es war einst ein kleines Schiff» und bei dem Vers, den die «Großen» immer mit besonderer Betonung gesungen hatten und der besagte, daß «das Los auf den Jüngsten fiel / Er war es, der verspeist werden würde», ja, da hatte er gezittert vor Angst …

Das Recht des Stärkeren scheint allenthalben nach wie vor zu gelten. Der Höhlenmensch, von all unseren Vorfahren zweifellos der abenteuerlustigste, war sich dessen wohl bewußt, sein Mahl nahm er stehend ein am Eingang seiner Höhle. Hatte er doch so die größten Chancen, demjenigen zu entkommen, der ihn für diesen Tag bereits fest als Mittagessen eingeplant hatte … Kein Wunder also, daß sich der Mensch im tiefsten Inneren, wenn schon nicht den kriegerischen Geist seiner Vorfahren, so doch zumindest deren Jagdinstinkt bewahrt hat. Ob er nun Jäger aus Notwendigkeit war wie der Höhlenmensch oder die eingeborenen Indianer Nordamerikas vor der Entdeckung der Neuen Welt, oder aber ob die Lust am Versteckspiel oder Freude und Stolz über die Trophäe Anlaß zur Jagd waren, immer schon hat die Jagd ihren Mann ernährt und immer schon ging sie mit einem bestimmten Ritual einher.

Jacques du Fouilloux, ein Edelmann aus dem 16. Jahrhundert, notorischer Epikuräer, Vater von unzähligen unehelichen Kindern, leidenschaftlicher Jäger und Schürzenjäger, würzte seine sachkundige Abhandlung über die Parforcejagd mit einer Reihe von unterhaltsamen Anekdoten. So beschrieb er, was alles an unentbehrlichen Dingen erforderlich war, wenn ein Seigneur zur Fuchsjagd aufbrach. Der hohe Herr ruhte dabei bequem in einem kleinen, mit weichen Fellen gepolsterten Wagen, «der reich ausgestattet ist mit allerlei Flaschen und Fläschchen und in dem eine Holzkiste untergebracht ist, gefüllt mit kaltem Truthahnbraten, Schinken, Rinderzungen und dergleichen Leckereien».

Bis ins kleinste Detail malte er sich jeden einzelnen Abschnitt der Jagd aus. Natürlich auch wo und wie sich die Rast abspielen sollte: «Man soll sich an einem schönen Ort versammeln, unter Bäumen, bei einem Brunnen oder an einem Bächlein. Dorthin sollen sich all die Jäger begeben, die dem Seigneur Bericht erstatten müssen. Der Kellermeister soll derweil mit drei Rössern an dem oben genannten Ort eintreffen, die er mit allerlei Fässern und Fäßchen beladen hat, obendrein mit Flaschen und Fläschchen, damit sich die Jagdgesellschaft die Kehle befeuchten kann … All die Fässer und Flaschen mußten gut gekühlt werden, entweder im Wasser oder aber mit Kampfer. Danach sollte er das Tischtuch auf dem Gras ausbreiten. Ist dies geschehen, so ist es am Koch, all die Leckereien darauf anzurichten, die er zubereitet und mitgebracht hat: Schinken, geräucherte Rinderzungen, Rüssel und Ohren vom Schwein, Zervelatwürste, Schweinekamm, Stücke vom Ochsen der Saison, Karbonaden, Mainzer Schinken, Pasteten, Kalbsnierenbraten und eine Reihe von kleinen Zutaten, die man brauchte, um die Blutwurst zu füllen, die er auf dem Tischtuch anrichten würde.»

Einige Jahrhunderte später sind die waidmännischen Bräuche fast noch unverändert. Der Marquis de Foudras erzählt in *Chasseurs du temps passé* (Jäger der Vergangenheit), wie sich die Jäger in aller Frühe – nicht ohne ein Glas mit altem Zypern-Wein hinuntergekippt und ein paar Kekse dazu gegessen zu haben –, auf ihr ungeduldig scharrendes Roß schwangen. Etwas später erwartete sie am Treffpunkt, dort, wo die Meute und die Piköre versammelt waren, wobei letztere Bericht zu erstatten hatten, ein Imbiß. Es war neun Uhr, und bevor man sich zur Jagd aufmachte, deren Dauer nie so genau abzusehen war, mußte man sich stärken: «Für das Mahl hatte man ein prächtiges Tischtuch aus Hirschleder dort auf dem Boden ausgebreitet, wo er über und über mit Moos bedeckt war. Zahlreiche Leckereien waren darauf angerichtet, deftige, aber auch ungewöhnlich feine.» Und in der Erregung und Euphorie «hatten wir bereits eine der ersten Gänseleberpasteten der Saison in unserem Bauch verschwinden lassen, einen Schinken aus Bayonne bis auf die Knochen verschlungen, eine Wurst aus Arles, lang wie ein Arm und dick wie die Wade einer spanischen Tänzerin bis auf den letzten Zipfel verzehrt und ich weiß nicht, wie viele Flaschen Wein in allen nur möglichen Farben geleert …»

Brillat-Savarin, der als Jäger in ganz Frankreich unterwegs war, konnte als Feinschmecker natürlich nicht umhin, seine besondere Aufmerksamkeit jenem Abschnitt der Jagd zu widmen, bei der gegessen wird – der Rast, seinen Worten nach «ein jungfräuliches Gebiet, das es noch zu erforschen gilt». «Denn in diesem Falle war ein üppigeres Mahl in diese Militär-Kantinen gebracht worden, die nun lieblicheren Zwecken dienten … Wie wäre es, wenn aufmerksame Diener mit jenen Bacchus geweihten Gefäßen einträfen, gefüllt mit einem eisgekühlten Gemisch aus Madeira und dem Saft von Erdbeeren und Ananas, ein göttliches Getränk, das das Blut in den Adern aufs bezauberndste erfrischt und den, der erstmals davon kostet, mit einem bis dahin nicht gekannten Wohl-

gefühl erfüllt.» Und wenn dann auch noch die Frauen auf der Bühne erschienen, nahm die Rast der Jäger eine Wendung zum Ergötzlichen hin. Zur verabredeten Stunde entstiegen verführerische Frauen den Kaleschen, in Kleidern militärisch und kokett zugleich. Der delikate Geschmack der Gänseleberpasteten und das Perlen des Champagners brachten die Sinne zum Vibrieren. In dieser Atmosphäre völliger Freiheit, wo einem «die Welt als Salon zur Verfügung stand und die Sonne als Leuchtkörper», wurden Küsse ausgetauscht mit dem einen, dann mit dem anderen, um keine Eifersucht aufkommen zu lassen. Dennoch: Eine war eifersüchtig – Diana, die Göttin der Jagd. «Für den Rest des Tages entzog sie den Delinquenten ihre Gunst.»

Bisweilen machte sich diese Göttin auch nur einen Spaß daraus, den Jäger in die Irre zu schicken, und überließ ihn dann sich selber: verdattert, mit hängender Zunge und leerem Magen. Edmond Le Masson, der im Cotentin ein altes Wildschwein verfolgte, einen Einzelgänger, erzählt in diesem Zusammenhang von einem nicht alltäglichen Fischfang, der ihm das Leben rettete.

Auf seinem treuen Pferd Fra-Diavolo war er seit dem Morgengrauen im Heideland unterwegs, auf der Jagd. Ein Mißgeschick folgte auf das andere, dem schlauen Eber gelang es immer wieder, ihm zu entwischen. Erschöpft langte der Jäger schließlich an der Bucht von Mont Saint-Michel an. Er hält an, lauscht, schöpft Hoffnung. In der Ferne vernimmt er Laute, das könnte die Meute sein –, aber es ist nichts anderes als das dumpfe Grollen des Meeres … der Nebel steigt. Er schickt ein Stoßgebet zum Himmel, nimmt seine letzten Kräfte zusammen, treibt sein Pferd an, weiter … Er gelangt an eine karge Insel, «Tombelaine». Durch glückliche Fügung kommt ihm in der Gestalt eines alten Fischers ein guter Freitag entgegen. Dieser bietet ihm in seiner Höhle Unterkunft und Essen an. Mit einem schrillen Pfiff ruft er Lou-Lou herbei, der alsbald kläffend und schwanzwedelnd in einer Felsspalte herumscharrt und -gräbt. «Lou-Lou lügt nie», stellt Vater Freitag fest. Im Schein einer Kerze wird tatsächlich etwas großes Zusammengerolltes sichtbar, ein Meeraal. Obwohl er überaus hungrig war, verzog der Jäger das Gesicht. Aber dabei blieb es nicht. Lou-Lou war ein erstklassiger Fischer, erneut machte er sich ans Werk, diesmal stöberte er sechs riesige Krabben auf. Genug für ein Festessen. «Um unsere Riesenkrabben zu kochen, hatten wir

beste Stück für sich behielt. Auf der Insel Mauritius, wo die Hirschjagd notwendige Tradition war, weil die Hirsche sich zu stark vermehrt hatten, war es durchaus an der Tagesordnung, daß man zum Jagdimbiß die Hoden des erlegten Tieres – ohne weitere Zutaten – verspeiste: eine unbeschreibliche Köstlichkeit … Anderenorts beschränkte man sich darauf,

nur die Wahl zwischen zwei Zubereitungsarten – Karbonade oder Braten. Nach kurzer Beratschlagung entschieden wir uns dafür, beiden Zubereitungsarten den Vorzug zu geben … Drei Krabben, die wir sorgfältig festgebunden hatten, plazierten wir in unmittelbarer Nähe der knisternden Flammen, sie bekamen die sanftere Hitze ab. Die anderen wurden ohne weitere Umstände in die Kohlenglut geworfen – sie schmeckten am besten. Meiner Meinung nach nicht minder gut als jene, die nach den Vorschriften der zeitlosen *Cuismière bourgeoise* (Die bürgerliche Küche) zubereitet werden, die empfiehlt: «im Sud, äußerst pikant».

Nicht selten verspeiste der Jäger seine Beute an Ort und Stelle, wobei er das

dem Gast den Bast anzubieten, die feine behaarte Haut, die am Geweih des Hirsches wächst und jedes Jahr im Herbst abfällt und am Gesträuch abgewetzt wird. Zubereitungsart: Man brät den Bast wie Pilze und serviert das Ganze auf Toast.

Bisweilen ist die Jagdmahlzeit nicht nur Mittel zum Zweck, sie steht vielmehr genauso im Mittelpunkt wie das gejagte Wild. So scheint in Polen eine gewisse Zeitlang die Bärenjagd eine nur zu willkommene Gelegenheit gewesen zu sein, im Wald ein «Bigos» – das polnische Nationalgericht – von gewaltigem Ausmaß zu verzehren. Polens großer Dichter Adam Mickiewicz gibt uns in seinem *Pan Tadeusz* (Herr Thaddäus) einen Vorgeschmack davon:

Wenn die Frauen auf der Szene erschienen, begann der vergnügliche Teil der Jagdpartie. Mahlzeit und Ruhepause der Jäger zogen sich bei so einer Gelegenheit meist «ungebührlich» in die Länge. Pique-nique de chasse *(Picknick bei der Jagd), Carle van Loo (1705–1765).*

In den Kesseln wärmte man Bigos; schwer zu beschreiben
Ist das Wunder des Bigos, wie köstlich sein Duft, seine Farbe,
Denn der Magen des Städters hört nur das Rasseln der Worte
Und die Ordnung der Reime; er weiß nicht, was sie bedeuten.
Um die Lieder Litauns und auch seine Speisen zu schätzen,
Muß man gesund, auf dem Land leben und von der Treibjagd grad heimkehren.

Aber ohne all dieses ist eine köstliche Speise
Bigos, weil er aus guten Gemüsen kunstvoll gekocht ist.
Dazu braucht man vor allem Sauerkraut, sorgsam gehacktes,
Das nach dem Sprichwort wie von selber zergeht auf der Zunge;
Fest verschlossen im Kessel, bedeckt wie ein Schoß voller Säfte
Beste gewürfelte Stückchen auserlesenen Fleisches,

In der Sologne erholte man sich genauso wie in England bei den großen Treibjagden auf Niederwild bei Kaffee-Whisky-Sandwich-Pausen, liebevoll hergerichtet von den aufmerksamen Ehefrauen der Jäger.

136

Brutzelt es, bis das Feuer die wertvollen
Säfte herausholt,
Bis an dem Rand des Gefäßes der saftige
Sud schon herausspritzt
Und die Luft ringsherum von köst-
lichem Duft ganz erfüllt ist.
(Aus: Adam Mickiewicz: Pan Tadeusz.
Nachdichtung von Hermann Budden-
sieg.
Eidos Verlag, München 1963, S. 122)

Ob er nun auf Löwenjagd in Afrika
unterwegs war, ob er dem Rebhuhn in
der Solonge nachstellte, dem Auerhahn
in Schottland, der Ringeltaube in der Provence, dem Hirsch in Österreich oder
aber … in Tarascon Jagd auf eine Mütze
machte, nie vergaß der Jäger, der dieses
Namens würdig war, die Mahlzeit. Man
lausche nur dem Gesang der Grillen und
Koteletts, untrennbar verbunden mit
den Erinnerungen von Marcel Proust an
seine Kindheit in der Provence, einem
Dichter und Jäger, der nichts so sehr
liebte, wie das Wild zu treiben und in
den Terebinthen Fallen aufzustellen:
«… Unser Vierergrüppchen hielt an, um
nahe bei einer Quelle im hellen Schatten
einer Kiefer einen Imbiß einzunehmen.
Unsere Jagdtäschchen waren noch gut
gefüllt, dennoch verzehrten wir alles bis
zum letzten Krümel. Während wir das
Tomatenomelett aßen – eine Delikatesse, wenn es kalt ist –, bruzzelten
unsere Koteletts über der Rosmaringlut.
Bisweilen riß Onkel Jules mitten im
Essen ganz unvermittelt das Gewehr
hoch und schoß in den Himmel, durch
die Zweige hindurch, auf etwas, das niemand von uns gesehen hatte: Da fiel
plötzlich eine Ringeltaube vom Himmel, ein Pirol, ein Sperber –»
«Waidmannsheil! Waidmannsdank!» So
grüßen sich der Jäger und sein Führer,
die ein gutes Weilchen vor Morgengrauen aufgestanden waren, um in den
Tiroler Bergen dem Hirsch nachzustel-
len. Wenn einem das Jagdglück nicht
hold war und der prachtvolle Zwölfen-
der partout nicht auf der Waldlichtung
erscheinen wollte, mußte man zur
nächstgelegenen Jagdhütte absteigen,
um dort die Nacht zu verbringen. Sehr
komfortabel sind diese spartanischen
Hütten nicht, wo man sein Essen an einfachen Holztischen einnimmt. Deshalb
hatte der Jäger beim Aufbruch am
Morgen zwischen Fernglas und Schnaps-
flasche einige belegte Brote verstaut,
ebenso ein paar frische Eier, um sich am
Abend daraus einen Kaiserschmarrn zu
bereiten, ein dicker, süßer Eierkuchen,
der selbst den Hungrigsten garantiert bis
zum nächsten Morgen satt macht.
Da läuft die Großwildjagd in Wüste und
Savanne schon unvergleichlich eleganter

Werbung für Dunlop-
reifen, 1938.

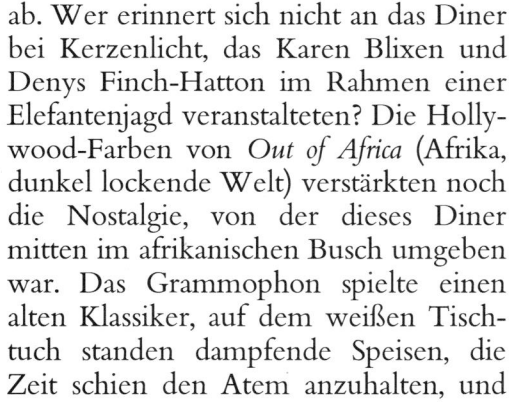

Nebenstehende Abbildung. In jedem Jäger schlummert ein bißchen etwas von Tartarin … Retour de chasse *(Rückkehr von der Jagd), Adolphe Yvon (1817–1893).*

Abbildung unten. Die Bärin hat den Spieß umgedreht: Anstatt sich vom Jäger fangen zu lassen, hat sie ihm seinen Korb geklaut! Zusammen mit ihren Jungen tut sie sich an dessen Inhalt gütlich, 1881.

ab. Wer erinnert sich nicht an das Diner bei Kerzenlicht, das Karen Blixen und Denys Finch-Hatton im Rahmen einer Elefantenjagd veranstalteten? Die Hollywood-Farben von *Out of Africa* (Afrika, dunkel lockende Welt) verstärkten noch die Nostalgie, von der dieses Diner mitten im afrikanischen Busch umgeben war. Das Grammophon spielte einen alten Klassiker, auf dem weißen Tischtuch standen dampfende Speisen, die Zeit schien den Atem anzuhalten, und die Mücken schienen so etwas wie einen Waffenstillstand einzuhalten …

Blättert man im Fotoalbum eines Jägers, so stößt man unweigerlich auf ein Foto, auf dem der Waidmann inmitten seiner Trophäen abgelichtet ist, genauso unweigerlich, wenn auch etwas beschaulicher, auf das Foto vom Picknick vor dem Auto. Einst verfolgten die Jägers-Gattinnen, die natürlich nicht an der Jagd selbst teilnahmen, vom Jagdpavillon aus, der sich an einem strategisch wichtigen

Punkt befand, jeweils am Nachmittag die letzten Treibjagden; allerdings nur dann, wenn es sich um große Treibjagden in der Ebene handelte, wo die Treiber mit Stöcken bewaffnet und weiten weißen Joppen bekleidet, Hasen und Rebhühner aufscheuchten und sie vor die Gewehre der Jäger trieben. Etwas später sah man sie dann ihren Autos entsteigen, beladen mit vernickelten Thermosflaschen und Weidenkörben voll mit guten Sachen, die ihre tüchtigen Gatten auf ihren Klappschemeln sitzend genüßlich verzehrten und dabei ihre Kommentare über die letzte Passage der Rebhühner abgaben. Dies war der kalte Drei-Uhr-Nachmittagsimbiß, der auf das Zehn-Uhr-Frühstück folgte und dem Imbiß nach der Rückkehr von der Jagd vorausging. Bei der Parforcejagd lag der einzige bemerkenswerte Unterschied in der verschiedenfarbigen Kleidung der Equipen – rot, schwarz und weiß.

Wenn allerdings Tartarin von Tarascon seinen Auftritt als Jäger hat, dann versöhnt der Humor vorübergehend Gegner und Anhänger dieses zeitlosen Sports wie ihn die Jagd repräsentiert. Man stelle sich eine Stadt vor, in der man als Jäger geboren wird, in einer Gegend, in der es schon seit ewigen Zeiten kein Wild mehr gibt … Nun, «jeden Sonntagmorgen greift ganz Tarascon zu den Waffen, man verläßt die Stadt mit Rucksack und geschultertem Gewehr, die Jagdhunde bei Fuß, das Jagdhorn griffbereit. Die Leute von Tarascon gehen raus aufs Land, zwei bis drei Meilen weit weg von der Stadt. Sie tun sich zu kleinen Gruppen von fünf oder sechs zusammen, strecken sich gemütlich in Schatten eines Brunnens, einer alten Mauer oder eines Olivenbaumes aus, ziehen aus ihrer Jagdtasche ein schönes Stück vom Rinderschmorbraten, rohe Zwiebeln, Wurst und einige Anchovis und beginnen ein endloses Mahl, zu dem nicht wenig von diesen angenehmen Rhône-Weinen getrunken wird, die einen zum Lachen und Singen bringen. Wenn man sich dann so richtig dick und rund gegessen hat, steht man auf, pfeift den Hunden, schultert das Gewehr und geht auf die Jagd. Das heißt, jeder dieser Männer

nimmt seine Mütze, wirft sie mit aller Kraft in die Luft und schießt sie im Fluge mit einem 5er-, 6er-oder 2er-Kaliber, je nachdem, was man vorher verabredet hatte …»

Genausowenig wie der Mensch sich dem Reiz der Jagd entziehen kann, genausowenig vermag er der Faszination der Berge zu widerstehen. Und Alexandre Vialatte kann nicht umhin, sich in *La Leçon des choses sur un pic* (Anschauungsunterricht auf einem Gipfel) über diese Gipfelstürmer lustig zu machen: «Die Sonne, die auf den Regen folgte, verwandelte die Bergseen in glitzernde Kleinodien. Der Mensch setzt sich einen leichten Strohhut auf und erstürmt die Berge, um dort oben eine auf einem Imitat von Steingutteller ruhende Schweinswurst

141

Trunken vom Gipfel-glück – Nach einem kleinen Stärkungstrunk ist die Luft dort oben noch leichter. Der Staubbach (Kanton Bern), Lithographie von Eugène Ciceri nach einem Foto von Martens.

Abbildung unten. Lustig-chaotisches Pick-nick auf dem Gipfel.

lings lesen, die unter dem Einfluß von Wein und Speisen, die das Blut in Wallung bringen und den Menschen dazu veranlassen, sich für alles und jedes zu begeistern, die Rohkost- und Quarkspeisen über alle Maßen preisen. In höchsten Tönen preist er seinen Kindern den Joghurt an, dessen segensreiche Wirkung dazu führen würde, daß sie dereinst hun-

zu verzehren. Dazu ein bißchen vom kalten Kalbsbraten. Den Abfall wirft er in einen der Abfallkörbe, die unweigerlich alle landschaftlich besonders attraktiven Gegenden zieren, oder aber er läßt ihn unter irgendeinem Gebüsch verschwinden, wo fast verrottete Überreste ahnen lassen, daß er nicht der erste ist, der seinen Fuß auf dieses herrliche, «unberührte» Fleckchen Erde setzt. Unberührt ist sie schon lange nicht mehr diese Erde, überall hat der Mensch seine unschönen Zivilisationsspuren hinterlassen. Seinem Sohn nennt er die Namen der Berge und legt ihm nahe, die Schönheiten der Natur zu bewundern. Er täuscht sich, sein Sohn weist ihn zurecht. Eine Ohrfeige ist fällig, schon aus Prinzip. Er läßt ihn jene Dichter des Früh-

dertjährige Bulgaren würden. Er geizt nicht mit seinem Wissen, er wirft mit den Lebensregeln nur so um sich. Seine Waden sind nackt, seine Füße stecken in römischen Sandalen. Man kann sich kaum etwas Schöneres vorstellen, als einen Menschen in den Bergen, der den anderen sein ganzes Wissen mitteilt und ihnen Lehren erteilt.»

Um den Gipfelsieg zu erringen, muß man sich selber übertreffen: gehen, steigen, klettern, in schwierigem Gelände herumkraxeln, rutschen, wieder hinaufsteigen, sich anklammern, sich anseilen, schwitzen …, und all das nur, um an einen angeblich jungfräulichen Ort zu gelangen, der gezwungenermaßen idyllisch zu sein hat und vor allem eine

unverbaubare Aussicht bietet. Hier, auf einer wie immer viel zu kleinen Fläche zusammengedrängt, packen die erschöpften Wanderer ihr Picknick aus, nicht ohne Sorge, das einzige harte Ei, das pro Person zur Verfügung steht, könnte in den Abgrund rollen. Dergestalt bieten sich also die Picknicks auf den Berggipfeln dar, die in aller Regel karg ausfallen. Wer will schon seine Qualen noch dadurch vergrößern, daß er einen Rucksack voll mit Lebensmitteln den Berg hochschleppt?

Das Schiff, auf dem William Hickey im Jahre 1777 nach Indien unterwegs war,

so fort, all das wurde den Bergsteigern in einer kühlen Höhle serviert, «die einen großzügigen Raum bildete». Aber es hieß weitergehen … Was machte es schon, daß die Natur sich nicht von ihrer liebenswürdigsten Seite zeigte, daß es heiß war und daß Oberst Watson, einer der Ausflügler, kurz vor dem Zusammenbruch war vor Erschöpfung! Welch übermenschliche Anstrengungen waren nicht erforderlich, um den Gipfel zu erreichen, auf dem dieselben Diener, ganz ohne Zweifel besser trainiert als die Ausflügler, bereits alles geschleppt hatten, was für Bequemlichkeit und Stär-

«Das Tischtuch ist aufgedeckt», sagen die Leute von Kapstadt. Damit wollen sie aber keineswegs ausdrücken, daß man sich nun in Bälde zu Tisch begeben würde, dieser Ausspruch bezieht sich vielmehr auf die erstarrte Wolkenmasse über dem Tafelberg.

Wenn das Gewitter vorüber war, bot sich der Platz, der oberhalb der prachtvollen Spitze von Kapstadt lag, als idealer Ort für ein Picknick an, und zwar bereits seit den Zeiten von William Hickey. 1928, als dieses Foto im Bystander *erschien, kamen die wunderschönen, 1000 Fuß tiefer gelegenen Strände gerade in Mode.*

legte – wie er in seinen *Mémoires* (Memoiren) berichtet – in Kapstadt an. Colonel Gordon lud im Auftrag der Stadt einige Passagiere zu einem Ausflug auf den Tafelberg ein, mit dabei war der Botaniker Paterson. Somit war die kleine Gruppe, die sich eine Stunde vor Sonnenaufgang am Fuß des Berges traf und den Aufstieg begann, nicht nur für das Abenteuer gerüstet, sie hatte überdies einen Praktiker dabei, der ihnen Anschauungsunterricht erteilten konnte. In diesem Fall gab es kein Transportproblem, alle Lebensmittel wurden den Hottentotten-Dienern aufgebürdet. Nach drei Stunden Fußmarsch wurde ein Tisch hergerichtet, es gab Tee, Kaffee, Schinken und

kung der Freunde von Hickey erforderlich war: Kissen und Schemel, um die zermarterten Glieder auszuruhen, herrliche Weine aus den Weinbergen von Kapstadt (gekühlt!) und allerlei leckere Sachen … Daß ein derart sportliches Picknick eines besonderen Höhepunktes bedarf, steht wohl außer Frage: Er bot sich in Gestalt einer Manila-Kobra dar, der man sich ganz unverhofft gegenübersah. Laut Kommentar des Botanikers eine der gefährlichsten Schlangen der Welt.

Königin Victoria liebte es idyllischer, ihr hatten es die schottischen Highlands angetan. Sie und ihr Prinzgemahl Albert hatten sich richtiggehend in dieses Hoch-

144

andere pflichtbewußte Frau, die ihrem Gatten treu ergeben war, sah sie sich wie alle Bürgersfrauen jener Epoche «im Hinblick auf den Picknickkorb auf den Rang des Adjudanten» verwiesen und als solcher veranlaßt, die Küche auf Trab zu bringen, wenn ihr Gatte, bereits auf der Türschwelle, wie beiläufig fallenließ: «Wenn es Euch Freude bereitet, meine Liebe, könnt Ihr mit dem Imbiß nachkommen.» Und in Begleitung des einen oder anderen Kindes und ihres treu ergebenen Führers John Brown, der das Land wie seine Hosentasche kannte und um seine königliche Herrin rührend besorgt war, machte sie sich mit dem Pony und ihren Körben auf den Weg über gewundene, nicht ungefährliche Straßen, um ihren Prinzgemahl zu treffen, der seit dem Morgengrauen auf Damwildjagd war. Verstreut gelegene Hütten dienten als Unterschlupf und Sammelpunkte, dort konnte man auf einem schlechten Ofen das Essen warm machen. Eine von diesen Hütten, komfortabler als alle anderen, wurde vergrößert und für das Königspaar hergerichtet.

land verliebt. Und während der sieben Herbste in Balmoral Castle (in den Jahren um 1850 herum) unternahmen sie auf dem Ponyrücken eine Reihe von Ausflügen, wobei sie in die entlegensten Gegenden vorstießen und zusammen mit Mitgliedern der Familie Churchill die urwüchsige Schönheit der Hügel und Seen entdeckten.

Frei von den Zwängen des Lebens am Königshof, widmete sich die Königin ganz ihrer Familie, ihrem «dear Albert» und ihren sechs Kindern. Wie jede

Abbildung oben.
In Carn ist die Familie unter sich. Königin Victoria und ihr Prinzgemahl Albert genießen die einfachen Freuden der Natur. Nicht mit im Bild: das Heer von Köchen und Dienern, die das königliche Picknick zubereitet, transportiert und festlich angerichtet haben …

Abbildung unten.
Spaziergänger beim Picknicken im Chalet de l'Oursière im Massif der Belledonne, September 1904.

Epilog

Was dem einen sin Uhl, ist dem anderen sin Nachtigall. Das gilt auch fürs Picknick. Für die einen die höchste Wonne, für die anderen ein Graus, diese oft vom Zufall bestimmte Form der Eßkultur unter freiem Himmel ... Die einen schwören darauf, daß jedes beliebige Essen anders, das heißt – natürlich – besser schmeckt, wenn man es nur im Freien zu sich nimmt, mehr oder weniger unbequem im Gras oder auf einem Klappstuhl sitzend. Die anderen dagegen finden immer ein Haar in der «Picknick-Suppe», ein Insekt zum Beispiel, das sich zwischen ihren Zehen verirrt hat, ihnen vielleicht vor der Nase herumschwirrt, bevor es im Sturzflug auf den kalten Braten heruntersaust, um einen womöglich auch noch in den Unterarm zu stechen. Ersteren läuft bei dem Wort «Picknick» das Wasser im Munde zusammen, unvergeßliche Gelüste steigen in ihrer Erinnerung auf, zweitere bekommen einen Krampf im Kiefer, wenn sie an so manches nahezu ungenießbare Sandwich denken, und es wird ihnen noch nachträglich übel, wenn ihnen der lauwarme Rosé einfällt, den sie – noch dazu! – an Stelle des Aperitifs hinunterzwingen mußten. Der bedingungslose Picknick-Fan spricht überschwenglich von der Flasche, der Picknick-Feind von deren Inhalt. Den einen entzückt die Schönheit der Landschaft und der anmutige Flug eines hauchzarten Schmetterlings, der andere denkt mit höhnischem Grinsen an jenen Augenblick, der bei jedem Picknick unweigerlich kommt: Die anwesenden Damen irren auf der Suche nach einer hundertjährigen Eiche umher, um geschützt vor indiskreten Blicken, einem natürlichen Bedürfnis nachzugeben ...

Wie auch immer, mit Vernunft kann man dem Picknick nicht beikommen – Anhänger und Feinde stehen sich unversöhnlich gegenüber. Dennoch: Ohne die Erfindung von ein paar – sehr wesentlichen – Geräten, käme so manches Picknick eher einer Strafexpedition gleich: Sandwiches ohne Brot, Ananasbüchsen ohne Büchsenöffner, undichte Flaschen, zerbrechliche Gläser und Schachteln, die nur mit einer Schnur zusammengehalten werden. Es ist also an der Zeit, jene Persönlichkeiten gebührend zu würdigen, die den Picknick-Anhängern auf der ganzen Welt das Leben gewaltig erleichtert haben.

Als erster ist John Montagu zu nennen, vierter Lord Sandwich und erster Lord der britischen Admiralität. Als leidenschaftlicher Spieler soll er im Jahre 1762 vierundzwanzig Stunden ohne Unterbrechung an ein und demselben Spieltisch zugebracht haben. Er war damals etwa vierzig Jahre alt und mit einem gesunden Appetit gesegnet. Damit seine Lordschaft den Spieltisch nicht verlassen mußte, kam sein Koch auf die Idee, ihm Käse- und Fleischscheiben herzurichten und diese zwischen zwei Brote zu legen. So konnte der gnädige Herr gleichzeitig essen – mit der einen Hand – und mit der anderen seine Trümpfe auf den Tisch werfen. Bald machte er sich dies zur Gewohnheit. So erhielt dieser, bis dahin unbekannte, kalte Imbiß seinen Namen. Das Sandwich war geboren.

Im Jahre 1892 erfand der britische Chemiker und Physiker James Dewar ein Gefäß, das nach ihm benannt wurde: das Dewar-Gefäß, ein innen verspiegeltes Glasgefäß mit zwei Wänden; zwischen den Wänden war es evakuiert, um die Wärmeleitung so gering wie möglich zu halten. Zur Aufbewahrung von Seren und Impfstoffen war dieses Gefäß geradezu ideal, wurden sie hier doch unabhängig von der Außentemperatur

1939. Zum neunten Mal wird dem Waldorf Astoria ein neues «Make-up» verpaßt. In der verrücktesten Stadt Amerikas schlossen vier junge Männer eine Wette ab: Sie wollten auf den Stahlträgern der Baustelle, ungefähr vierzig Stockwerke über der Park Avenue, ein Picknick veranstalten ...

147

gekühlt aufbewahrt. Reinhold Burger, ein deutscher Glasbläser, der diese wundervollen Dewar-Gefäße am Fließband herstellte, erkannte eines Tages den Wert dieser Flasche: Nicht nur, daß er damit sein Frühjahrspicknick weitaus angenehmer gestalten konnte, vielmehr und vor allem würde diese Erfindung seinem Bankkonto zugute kommen. Damit die zerbrechliche Flasche stabiler wurde, verkleidete er sie mit Metall und ließ sie – schlau wie er war – patentieren. Schließlich rief er noch zu einem Wettbewerb auf, um für seine Erfindung einen verkaufsträchtigen Namen aufzutun. Das Ergebnis: die Thermosflasche (vom Griechischen «thermos» = Wärme). Ein Amerikaner namens William B. Walker witterte das große Geschäft und kaufte dem Deutschen flugs die Idee ab. Und er machte ein Vermögen damit. Im Jahre 1908 wurde die von dem Schotten Dewan erfundene und von dem deutschen Glasbläser hergestellte Isolierflasche amerikanisch – wenn Sie darauf gewettet hätten, dies sei eine chinesische Erfindung, hätten Sie die Wette glatt ver-

loren! Plötzlich war sie überall zu sehen, diese «thermos bottle»: beim Kaffee im Weißen Haus, im Gepäck von Sir Ernest Sakleton, als er zum Südpol aufbrach, auf dem Kühlschrank des Durchschnittsamerikaners und auf dem Foto von Sir Hillary zu Füßen des noch unbezwungenen Mount Everest… Sie war das ganze Glück von Forschern, Campern und Picknick-Fans auf der ganzen Welt. Im Jahre 1970 wurde die gute alte Thermosflasche nach einer Reihe von gerichtlichen Auseinandersetzungen schließlich frei, nun war sie Allgemeingut.

Ein anderer Erfinder, Earl Tupper, begeisterte sich für das Polyäthylen, einen modernen, besonders widerstandsfähigen und vor allem glatten und äußerst biegsamen Kunststoff. Kurz nach dem Zweiten Weltkrieg arbeitete der amerikanische Chemiker bei Du Pont und schuf dort die ersten Plastikgläser, die diesen Namen tatsächlich verdienten: solide, stabil und in den leuchtendsten Farben des Regenbogens. Der Erfolg stellte sich unmittelbar ein. Dieser in den Kunststoff vernarrte Chemiker hatte einen ausge-

Der Künstler und sein Modell … Jacques-Henri Lartigue, links, beim Picknick mit seinen Eltern auf dem Schlachtfeld von Soissons. Zwar war es sein älterer Bruder Maurice, der dieses Foto schoß, dennoch zeichnete Jacques-Henri Lartigue für die Komposition dieser Szene verantwortlich, die mehr aussagt als so manche Rede.

prägten Sinn fürs Praktische. Er knetete und preßte das Polyäthylen in allen nur möglichen Richtungen. Das Ergebnis: runde und quadratische Schachteln, Kästen und Kästchen, die er mit einem biegsamen, das Gefäß dicht abschließenden Deckel versah. Damit war die «Tupperware» geboren, eine langlebige Erfindung, die weltweit «Karriere» machte und bald zum Synonym für den berühmt-berüchtigten «american way of life» wurde.

Der heiße Kaffee in der Thermoskanne, der in der Tupperware frisch gehaltene Salat, das Sandwich auf einer Cornedbeef-Dose … wo aber ist der Büchsenöffner? Nun ja, man kann zum Korkenzieher greifen … Aber besser läßt man die Finger davon, wenn man nicht riskieren will, mitten auf dem Land ähnliche Abenteuer zu erleben wie die drei in der berühmten Szene aus *Three Men in a Boat*. Wenn man den Worten von Charles Panati Glauben schenken darf, der sich in *L'Origine merveilleuse des choses de tous les jours* (Der wunderbare Ursprung der Gebrauchsgegenstände des Alltags) mit eben jenen kleinen, im Alltag unentbehrlichen Gebrauchsgegenständen befaßt hat, liegt zwischen der Erfindung der Konservendose und der des Büchsenöffners ein Jahrhundert! Ein gewisser Peter Durand, britischer Kaufmann, der die Royal Navy belieferte, kam im Jahre 1810 auf die Idee, die Nahrungsmittelrationen, die die Militärs bei ihm bestellten, in hermetisch verschlossene Blechdosen zu verpacken. Damit zwang er die armen Soldaten, es ihm an Erfindungsreichtum und praktischem Geschick zumindest gleichzutun, um an den Inhalt dieser Büchsen zu gelangen. An die Stelle des – noch nicht existierenden – Büchsenöffners trat das Bajonett oder das Messer, und wenn all das nichts fruchtete, als letzte Rettung «ein Schuß mit dem Gewehr». Charles Panati erzählt gar, daß auf den Konserven, die Sir William Parry (1790–1855) auf seinen Polarexpeditionen mit sich führte, geschrieben stand: «den Deckel mit Hammer und Meißel öffnen» … Im Jahre 1858 war es dann endlich soweit: Ein genialer Tüftler und Erfinder, wiederum ein Amerikaner, Ezra J. Warner, meldete

den ersten Büchsenöffner zum Patent an: «Noch war dies ein unbequem zu handhabendes, reichlich sprödes Gerät. Die große gekrümmte Klinge, eine Mischung aus Sichel und Bajonett, mußte man fest in den Dosenrand drücken und dann damit die Büchse aufschneiden, ein mühsames Geschäft.» Glücklicherweise machte zwölf Jahre später ein gewisser William W. Lyman dieser Qual ein Ende. Er erfand das kleine Schneidrädchen, das das Blech

mühelos aufschnitt – der entnervende Kampf mit der Konservenbüchse gehörte damit der Vergangenheit an.

Zum Schluß, sozusagen als Dessert, seien ein paar ungewöhnliche, ja bizarre Picknicks serviert, Picknicks, die tatsächlich stattfanden oder aber sich im Reich der Phantasie abspielten. Machen wir zu diesem Zweck einen Sprung in Zeit und Raum.

Im 16. Jahrhundert war es, in der Tourraine, als Gargantua ganz plötzlich im Magen ein leeres Gefühl verspürte und einen «Pilgersalat» verschlang. Er hatte sich den schönsten Kopfsalat weit und breit zusammengesucht, groß wie Zwetschgenbäume. Nicht ahnend, daß darin sechs Pilger für die Nacht Zuflucht gesucht hatten, nahm er sie mit. Er wusch sie mit reichlich Wasser, gab sie in eine Schüssel, die an «Größe dem Faß von Cîteaux» (Mutterkloster des Zisterzienserordens) um nichts nachstand,

Juli 1935. Zigaretten, ein Aeroplan, kesse Bienen und ein schöner Sommertag – all das verspricht ein Picknick zu werden, das man nicht so schnell vergißt! Einst waren sie mit dem Tandem losgefahren, jetzt war der D H Hornet der letzte Schrei, ein kleines Flugzeug, das nicht viel schwerer zu handhaben war als ein Fahrrad, mit einer Spitzengeschwindigkeit von 200 km/h allerdings um einiges schneller war als dieses!

machte den Salat mit Öl, Essig und Salz an und aß ihn «als kleine Erfrischung vor dem Abendbrot». Fünf Unglückliche verschwanden in seinem Rachen. Der Überlebende ließ unseligerweise seinen Pilgerstock herausragen, Gargantua hielt ihn für die Fühler einer Schnecke und schluckte sie hinunter, nicht ohne einen Sturzbach von Pinot nachfolgen zu lassen. Zum guten Schluß stiegen die Pilger wieder im Rachen des Riesen nach oben,

der Stock eines dieser Pilger kam dabei mit dem Nerv eines hohlen Zahns in Berührung … Lautes Gebrüll von Gargantua, der mit einem Zahnstocher die Pilger – wohlbehalten – wieder ans Tageslicht beförderte.

Warum einfach, wenn's auch umständlich geht? Ganz eindeutig ist dies die Devise einer ganzen Reihe von Picknick-Liebhabern, die immer und überall und wenn möglich auch noch alles zur glei-

Ochsen auf seinen eigenen vier Beinen an Ort und Stelle gehen zu lassen. Auf jeden Fall wähle man einen jungen Ochsen, dessen Fleisch zart ist. Als Zubereitungsart empfiehlt sich auf jeden Fall Tatarbeefsteak. Für alle, die das Fleisch nicht gerne roh essen, ist dieses ungarische Rezept zu empfehlen (allerdings braucht man hierfür einen gelernten Zimmermann; aber da gab es noch einen, der, der beim Hochzeitsessen des Grafen von Dukay anwesend war). Das Säugetier nicht zerteilen. Es muß als Ganzes, in etwa wie eine neue Kartoffel, abgepellt werden. Dann im nächstgelegenen Wald eine Fichte schlagen. Den Vierfüßler aufspießen. Ihn ausnehmen, säubern, mit einem gefüllten Kalb füllen, das wiederum mit einem Lamm gefüllt ist, das man vorher mit einem Kapaun gefüllt hat und dieser wiederum sollte mit einer mit Speckscheiben umwickelten Wachtel gefüllt sein. Die Wachtel salzen. In den großen Kochtöpfen (zum Wäschekochen) mehrere Kubikmeter Schweineschmalz zergehen lassen. Die Soßentöpfe an Besenstielen festbinden. Den Finger befeuchten, um festzustellen, woher der Wind kommt. Dementsprechend die Feuerstelle anlegen. Einen Wassereimer voll mit goldener Farbe herbeischaffen. Die Hörner und Hufe damit anmalen und mitten auf der Stirn eine elfzackige Krone befestigen. Was dann noch bleibt sind: das Lendenstück,

chen Zeit, das Schöne und den Überraschungseffekt suchen, das ganz und gar Einmalige und den Kitzel einer Entdeckungsreise, kurzum das Unmögliche. Im Zusammenhang damit werden wir wieder bei Alexandre Vialatte fündig, der in *Pour vos pique-niques, le bœf à la Hongroise* (Für Ihr Picknick: Ochse auf ungarische Art) das beste Rezept liefert: «Ist man zu vielen, so ist der Transport reichlich mühsam. Einfacher ist es, den

Abbildung links. 3. August 1940: Nicht gerade gut gewählt, das Datum für ein Picknick an der französischen Küste … Die jungen Leute, die gute Miene zum bösen Spiel machen, lassen es sich – ungeachtet der Bomben – auf dem Dach gut schmecken. Wetten, daß zumindest zwei von ihnen in Bälde von den Militärbehörden zum Kampieren «eingeladen» werden, zwar näher am Meer gelegen, mit Sicherheit jedoch nicht annähernd so gastlich.

Abbildung unten. Mai 1956, Picknick in Port Marly zur Feier der Uraufführung des Films Picnic *von Joshua Logan mit Kim Novak, auf dem Foto umgeben von Eddie Constantine, Fernandel, Frau Constantine und Zigeunergeigern der Gruppe Yoska Nemeth.*

die Nuß, das Flankenstück und die Filetkoteletts. Das beste Stück ist die Querrippe …»

Gewissen Leuten gefällt es, ihr Dasein mit ein paar Pfefferkörnern zu würzen sowie ihrem Tomatensalat mit einer Prise Schwindel das gewisse Etwas zu verleihen, und ihren Hühnerschenkel können sie nur dann so richtig genießen, wenn es ihnen dabei kalt den Rücken hinunterläuft. Zugegebenermaßen regt der Anblick dieser vier verrückten Typen, die im Jahre 1930 in etwa hundert Meter Höhe, unter sich den Verkehr der Park Avenue, auf dem Baugerüst ihren Hamburger mit Ketchup mampften, unsere Phantasie weit mehr an als das Foto von einem ganz normalen französischen Pärchen, das am Rande der Nationalstraße 7 sein Picknick abhält …

Wieder einmal sind es die Engländer, die auf diesem Gebiet den Vogel abschießen, gibt es für sie doch nichts Aufregenderes, als sich in den neoklassizistischen Ruinen des Grange Park ein Stelldichein zu geben: ein seltsamer Ort, überall zieht es, fast unmöglich, dorthinzufinden in dieses völlig abgelegene Tal der Grafschaft Hampshire. Was soll's. Jeder hat so seinen Spleen …

Ein anderes Picknick, das etwas aus dem üblichen Rahmen fällt, findet seit 1987 in Grants Pass, Oregon (USA) statt: das Picknick des Betty-Clubs, eines «women's club», eine typische amerikanische Einrichtung. Zutritt haben alle Betty's von zwanzig bis neunzig, sie und sonst niemand. Ihr oberstes Ziel: die Verehrung ihres Idols Betty Boop. Ihr Traum: das «Betty-Picknick» auf ganz Amerika auszudehnen.

Während der ehrenwerte Absolvent der Hochschule für Bibliothekare und Archivare an der Sorbonne sein Leben fein säuberlich zwischen den gelehrten Texten seiner Bibliothek und den leichten Weinen seines Kellers «aufteilt» und nur davon träumt – in Wirklichkeit würde er so etwas natürlich nie wagen! –, in galanter Gesellschaft auf dem Rasen des Schlosses von Versailles einen ganzen Korb mit Austern zu verzehren, gibt es genug andere, die ihre Traum-Picknicks in die Tat umsetzen. Jedenfalls mehr als man glaubt.

Ein Gastwirt aus der Provence hat sich die Worte von Paul Morand zu Herzen genommen, nach denen «der wahre Luxus, der, den niemand sich leistet, darin besteht, sich Zeit zu nehmen …»; seinen Gästen bietet er Picknick-Ausflüge mit der Kalesche an.

Manchmal besteht der Luxus aber auch darin, daß man die Summe, die man in einem Fünf-Sterne-Restaurant für ein Menue bezahlt, für einen Hubschrauberausflug hinblättert, um dann auf 1800 Metern über dem Meeresspiegel am Ende eines Maultierpfades zu picknikken: 1993 war man im Hôtel de Paris von Monte Carlo ernsthaft mit der Vorbereitung dieses Projekts befaßt. Eine verrückte Idee? Ganz und gar nicht. Vielmehr ein originelles Festmahl, das die Handschrift von Alain Ducasse trägt, Chef des «Louis XV.» …

Rezepte

Picknick auf dem Land

Cake au lard fumé
(Kastenkuchen mit Räucherspeck)
Für 6–8 Personen
250 g gesiebtes Mehl
250 g in Streifen geschnittener Räucherspeck (ohne Schwarte)
150 g entkernte grüne Oliven
100 geschälte Pistazien
150 g geriebener Gruyère
4 Eier
2 dl Erdnußöl
1 dl trockener Weißwein
1 Päckchen Trockenhefe
Salz, Pfeffer

Die Speckstreifen in etwas Öl goldbraun werden lassen, abtropfen, beiseite stellen.
Mehl, Hefe, Eier und 2 dl Erdnußöl mit dem Elektroquirl verrühren, den Weißwein dazugeben und alles miteinander verquirlen.
Mit einem Holzlöffel die Speckstreifen unterheben, ebenso die Oliven, die Pistazien und den geriebenen Gruyère. Reichlich pfeffern, vorsichtig salzen (wegen dem Speck). Die Masse in eine gut gefettete Cakeform gießen. Im Ofen bei mittlerer Hitze (200°) eine Stunde und 15 Minuten backen.
Den heißen Kuchen aus der Form nehmen, lauwarm oder kalt servieren.
Läßt sich gut in Scheiben schneiden.

Gâteau aux pommes de terre printanier
(Frühlings-Kartoffelkuchen)
Für 8 Personen:
8 Eier
400 g Kartoffeln
400 g Zwiebeln
1 Büchse rote Paprika (geschält)
1 gute Handvoll Spinat
2 Brühwürfel
Salz, Pfeffer
Olivenöl

Die Kartoffeln schälen und in feine Scheiben schneiden. Zwiebeln klein hacken und in einer Pfanne in reichlich Olivenöl glasig werden lassen. Die Brühwürfel in einen Topf mit einem halben Liter kochendem Wasser geben. Wenn sie sich aufgelöst haben, den Spinat zufügen. Nach drei Minuten den Spinat herausnehmen, abtropfen und gut auspressen, um die restliche Brühe zu entfernen.
Die Paprika abtropfen lassen und in feine Streifen schneiden.
In einer großen Schüssel die Eier schlagen. Salzen und pfeffern. Mit dem Holz-löffel vorsichtig Kartoffeln, Zwiebeln, Spinat und Paprika daruntermengen. Die Masse in eine flache, geölte Form füllen und im Ofen eine halbe Stunde bei mittlerer Hitze (200°) backen. Garprobe mit dem Zahnstocher.
Der Kuchen wird lauwarm oder kalt gegessen.

Tartelettes amandines
(Mandeltörtchen)
Für 6 Törtchen von 8 cm Ø:
1 Paket tiefgefrorenen Blätterteig
300 g gestiftelte Mandeln
3 EL Honig
2 EL Zucker
6 EL Crème fraîche
1 Prise Salz

Den Blätterteig auftauen lassen, dünn ausrollen (5 mm) und die Tortenförmchen damit auslegen (gut gefettet, wenn es keine beschichteten Formen sind).
In einer Schüssel mit dem Holzlöffel Honig, Zucker, Salz und Crème fraîche verrühren. Die Mandeln dazugeben.
Die Mischung in den 6 Förmchen verteilen. Im Ofen bei mittlerer Hitze (200°) 15–20 Minuten backen. Die Törtchen sollen leicht gebräunt sein.
Die Herstellung dieser Törtchen nimmt nicht viel Zeit in Anspruch. Man sollte sie am Morgen backen, um sie mittags zu verspeisen: Dann ist der Teig noch wunderbar knusprig!

Klassisches Picknick

Foie gras frais en terrine
(Foto auf S. 72/73)
(Frische Gänse- oder Entenleber in der Terrine)
Für 6 Personen:
1 Stopfleber von 650–700 g
3 cl Armagnac
4 cl Porto oder Noilly-Prat
feines Salz
weißer (oder gemischter) Pfeffer
Backthermometer

Kaltes Wasser in eine Schüssel gießen. Eine Handvoll grobes Salz dazugeben, und die Leber darin 1–2 Stunden liegen lassen. Abtropfen und abtrocknen.
Mit einem kleinen, spitzen Messer vorsichtig die beiden Leberlappen voneinander trennen und sorgfältig die Galle und alle grünlichen Spuren sowie alle blutigen Äderchen, die Haut und die daran haftenden Teile entfernen.
Die gereinigten Leberlappen auf einem Brett ausbreiten. Gleichmäßig salzen, so daß sie von einem feinen weißen Schleier bedeckt sind (die Leber schluckt viel Salz, also keine Angst!) Gleichmäßig mit Pfeffer bestreuen, so lange, bis das Salz fast unter dem Pfeffer verschwunden ist.
Die Leber umdrehen und die ganze Prozedur wiederholen.
Die Leber in Tranchen schneiden und diese dachziegelartig in eine Terrine schichten, wobei das größte Stück obenauf kommt.
In einer kleinen Kasserolle oder einem Schöpflöffel den Armagnac gut flambieren (nichts ist schlimmer als der Geschmack von nicht richtig flambiertem Alkohol!). Auf die Leber gießen.
Den Porto dazugeben. Die Terrine mit einem großen Stück Alufolie bedecken, darüber kommt der Deckel. Die überstehende Folie um den Deckelrand rollen, damit die Terrine so dicht wie möglich verschlossen ist.
Die Terrine in einen großen Topf geben und im Wasserbad bei einer gleichbleibenden Temperatur von 70° garziehen lassen. Das Wasser soll bis zur Leber hochreichen.
Garzeit bei offenem Kochtopf: Pro 100 g Leber rechnet man 6 Minuten, wobei man die Temperatur im Wasserbad mit Hilfe des Thermometers kontrolliert.
Nach beendeter Kochzeit nimmt man die Terrine heraus und läßt sie abkühlen. Hat die Leber zuviel Fett abgesondert, filtert man es ab und hebt es auf, um Kartoffeln darin zu braten.
Die Terrine in den Kühlschrank stellen, mindestens 24 Stunden lang, besser 40 Stunden.
Kleine Tricks:
Im Wasserbad die Terrine auf einen kochfesten Untersatz oder etwas Ähnliches stellen, also etwas erhöht. Dadurch wird der Boden nicht so heiß und die Terrine nicht zu schnell gar.
Bevor man die Leber häutet, anhand der Terrine berechnen, wieviel Wasser man fürs Wasserbad benötigt. Das Wasser erhitzen, während man die Leber zubereitet: Das spart Zeit.

Clafoutis au jambon et aux asperges
(Auflauf mit Schinken und Spargel)
Für 6 Personen:
1250 g grüner Spargel
1 Scheibe gekochter Schinken von 250 g
4 Eier
50 g Mehl
50 g Butter
1/4 l Milch
Salz, Pfeffer, Muskat

Wenn man frischen Spargel hat, diesen schälen und die harten Enden abschneiden.

In etwa 3 cm große Stücke schneiden und 5 Minuten lang in kochendes Salzwasser geben.

Man kann auch Spargel im Glas verwenden oder tiefgefrorenen grünen Spargel, der schon geschält ist (bevor man ihn schneidet, ebenfalls kurz in kochendes Wasser legen).

Mehl und Eier miteinander verquirlen, die Milch und die zerlassene Butter dazugeben.

Salzen, pfeffern und nach Belieben mit Muskatnuß würzen.

Eine rechteckige Gratinform fetten und mit den Schinkenwürfeln und Spargelstücken auslegen.

Den Teig darauf gießen und 40–45 Minuten bei mittlerer Hitze (200°) im Ofen backen. Die Oberfläche soll goldbraun sein, am Zahnstocher darf bei der Garprobe kein Teig klebenbleiben.

Abkühlen lassen und in Stücke schneiden, die man sorgfältig in Tupperware-Schüsseln unterbringt.

Baquet à la crème fraîche
(Sahnekuchen)
Für den Biskuitteig (man stellt zwei davon her in zwei Kuchenformen):
4 Eier
150 g Zucker
50 g Mehl
50 g Stärkemehl
1 Prise Salz
1/2 Päckchen Backpulver
Creme:
6 Schokoladenriegel von einer 250 g-Tafel
8 Eier
2 1/2 EL löslicher Kaffee
60 g Butter
Belag:
1 Schachtel Katzenzungen (kleine, abgerundete)
100 g Zucker für den Karamel
250 g süße Sahne
3 EL Puderzucker
1 Päckchen Sahnesteif
In einer Schüssel die Eigelb mit dem Zucker und Salz so lange verschlagen, bis die Masse schaumigweiß wird.
Backpulver, Stärkemehl und Mehl miteinander verquirlen und nach und nach das Ei-Zucker-Gemisch dazugeben.
Die Eiweiß sehr steif schlagen. Vorsichtig unter den Teig heben und den Teig in eine runde Kuchenform (Ø etwa 22 cm) gießen. Bei mäßiger Hitze (150°) ungefähr 35 Minuten im Ofen backen.
Aus der Form nehmen und auf einem Grill abkühlen lassen.
Auf dieselbe Weise wird der zweite Biskuitteig hergestellt.
Die Creme:
Die Schokolade mit etwas Wasser im Wasserbad schmelzen lassen. Butter, Kaffee und – abseits vom Feuer – die Eigelb, eines nach dem anderen dazugeben.

Die Eiweiß sehr steif schlagen und unter die Schokoladencreme heben. Für mehrere Stunden in den Kühlschrank stellen, bevor man den Kuchen damit garniert.

Aus den 100 g Zucker einen Karamel herstellen.

Den ersten Biskuitteig höhlt man nun aus, indem man einen 2 cm dicken Rand stehen läßt. Dann höhlt man den zweiten Biskuitteig aus, läßt ebenfalls einen 2 cm dicken Rand übrig. Man hat jetzt eine Art Krone, die man auf den ersten Biskuit setzt. Ein bißchen Karamel dazwischen dient als «Kitt».

Dann klebt man mit dem Karamel rund um den Kuchen die Katzenzungen fest. Der Kuchen selbst wird mit der gut gekühlten Schokoladencreme gefüllt.

Aus dem übriggebliebenen Kucheninneren schneidet man einen Deckel heraus und deckt damit die Creme zu.

Die Schlagsahne schlagen, Sahnesteif dazugeben, ebenso den gesiebten Puderzucker. Den Kuchen mit einer Teigspritze garnieren, die eine gerillte Tülle hat. Kühl aufbewahren.

Exotisches Picknick

Bouchées marocaines (Foto auf S. 123)
(Marokkanische Bissen)
Für 4 Personen:
500 g gekochtes und gehacktes Rind- und Hammelfleisch
1 TL Zimt
1 oder 2 Zweige frische Pfefferminze
100 g Schweineschmalz
1 TL Kümmel
2 TL milder Paprika
1 Prise scharfer Paprika
1 großer Bund gehackte Petersilie
1 großer Bund gehackter Koriander
1 kleingeschnittene Zwiebel
4 EL Semmelbrösel
1 Ei
Salz
Alle Zutaten mit der Hand vermengen und daraus kleine Bällchen (Ø 2,5 cm) formen.
Für die Soße:
4 Zwiebeln
100 g Butter
2 Glas Wasser
1/2 TL Ingwer
1/2 TL milder Paprika
1/2 EL Petersilie und Koriander, fein gehackt
1/2 Glas Zitronensaft
3 g Safran
1 Prise Kümmel
1 Prise scharfer Paprika
1/2 Glas Olivenöl
Die gehackten Zwiebeln, Ingwer,

Safran, Kümmel und milden und scharfen Paprika im Olivenöl anbräunen. Salzen und mit Wasser bedecken. Auf mittlerer Flamme kochen, bis die Zwiebeln weich und glasig sind. Das Wasser ist dann praktisch verdampft.

Jetzt die Fleischbällchen dazugeben, ebenso Petersilie, Koriander und Zitronensaft. Einige Minuten kochen lassen. Darauf achten, daß die Fleischbällchen gut mit Soße bedeckt sind.

Die Bällchen herausnehmen, abtropfen und abkühlen lassen, bevor man sie in einen Tupperware-Behälter schichtet.

Diese Fleischbällchen können am Vorabend hergestellt werden. Mit Holzstäbchen kann man sie wunderbar essen, sie haben genau die Größe eines mundgerechten Bissens.

Cold curried chicken
(Kaltes Curryhuhn)
Für 10 Personen:
2 gebratene Hähnchen
180 g Honig
150 g Früchte-Chutney
75 g milder Curry
8 cl trockener Weißwein
230 g Crème fraîche
1 Glas Mayonnaise
1 Bund Petersilie
100 g gehackte Haselnüsse oder Pignolien
Salz, Pfeffer
Die Hähnchen enthäuten und das Fleisch in Würfel schneiden. In einer Kasserolle Honig, Chutney und Curry 25 Minuen lang köcheln lassen. Den Weißwein dazugießen, alles gut vermischen und abkühlen lassen. In einer Schüssel Crème fraîche und Mayonnaise mit einem Holzlöffel verrühren, dann das abgekühlte Gemisch daruntermengen. Das Hühnerfleisch, die gehackte Petersilie und die gehackten Haselnüsse (oder Pignolien) in die Masse geben.

Brochettes surprise aux foies de volaille
(Geflügelleber am Spieß)
Für 6 Personen:
36 Geflügellebern
36 feine Scheiben vom geräucherten Schweinebauch
1 Likörglas Cognac
1 walnußgroßes Stück Butter
Salz, Pfeffer
3 grüne Paprika
Die Butter in einer Pfanne zergehen lassen. Wenn sie gut heiß ist, die Geflügellebern rasch darin anbraten, so daß sie innen noch rosig sind. Mit dem Cognac flambieren. Reichlich pfeffern und nur wenig salzen.

Jede Leber mit einer Speckscheibe (ohne Schwarte) umhüllen. Die Paprikaschoten in kleine viereckige Stückchen schneiden.

Pro Spieß rechnet man drei Geflügellebern, die abwechselnd mit den Paprikastücken auf die Spießchen gesteckt werden.
Jetzt braucht man die Spießchen nur noch über dem Holzkohlenfeuer zu braten, bis der Speck schön knusprig ist. Dann gleich verzehren.

Tarte aux noix de pécan
(Pecannuß-Torte)
Für 6 Personen:
Mürbeteig:
175 g Mehl
125 g Butter
1 Eigelb
2–3 EL Wasser
Belag:
25 g Butter
125 g Zucker
175 g Mehl
4 Eier
1 TL Vanilleextrakt
50 g zerstoßene Pecannüsse
Mit den Fingerspitzen die Zutaten für den Mürbeteig verarbeiten, eine Kugel formen und eine halbe Stunde kühl stellen.
Eine Kuchenform (Ø 20 cm) ausfetten und mit dem Mürbeteig auslegen. Mit Butterbrotpapier bedecken, auf das man eine Handvoll getrocknete Bohnen gibt.
Bei 200° 15–20 Minuten lang im Ofen backen. Anschließend abkühlen lassen.
In einer Schüssel die weiche Butter mit dem Zucker und dem Honig verquirlen. Die Eier, eines nach dem anderen dazugeben, dann die Vanille. Die Masse auf den Tortenboden gießen.
Mit den zerstoßenen Pecannüssen bestreuen und 10 Minuten im heißen Ofen (220°) backen, dann 30–35 Minuten bei mittlerer Hitze (180°).
Kalt mit Crème fraîche servieren.

Picknick unterwegs

Petits sandwiches fondants
(Sandwiches mit Mayonnaise)
Mayonnaise:
1 Eigelb
1 guter TL Senf
Erdnuß- oder Sonnenblumenöl
Salz, Pfeffer
Für 12 Sandwiches:
200 g gehackter Schinken
200 g fein geriebener Gruyère
1 Topf Mayonnaise
1 feingehacktes Salatherz
Salz, Pfeffer
1 Prise Curry oder 2 EL Ketchup
12 Scheiben Walnußbrot
Damit die Mayonnaise schön fest wird, schlägt man sie am besten mit dem Elektroquirl auf oder man benutzt einen Mixer. Unbedingt das Ei eine Stunde vorher aus dem Kühlschrank nehmen,

es muß Zimmertemperatur haben, sonst riskiert man, daß die Mayonnaise gerinnt. Das Eigelb mit dem Senf verquirlen, dann nach und nach das Öl in feinem Strahl dazugeben, so lange, bis die Mayonnaise ganz fest ist.
Salzen, pfeffern und eine Messerspitze Curry oder das Ketchup dazugeben.
In einer Schüssel mit dem Holzlöffel Schinken, Gruyère, Salat und gerade soviel Mayonnaise miteinander vermischen, daß das Ganze gebunden, aber nicht zu fett ist.
Die Hälfte der Brotscheiben damit bestreichen, die übrigen Brotscheiben kommen oben drauf.
Jedes dieser kleinen Sandwiches wird extra in ein Butterbrotpapier eingepackt und für mindestens eine Stunde in den Kühlschrank gegeben.
In der Kühlbox transportieren.

Gazpacho
(Andalusische Knoblauchsuppe)
Für 4–6 Personen:
250 g Brot
4 Tomaten
1 Gurke
2,5 dl Olivenöl
2 EL Essig
Salz, Pfeffer
1 Prise Kümmel (wenn man will)
Das Brot eine halbe Stunde lang im Wasser weichen. Abtropfen und mit der Hand auspressen.
Die Tomaten enthäuten, entkernen und in Würfel schneiden. Ebenso die Gurken. Brot, Tomaten und Gurken zusammen mit Olivenöl und Essig in den Mixer geben. Es entsteht eine glatte Masse, die man bis zur gewünschten Konsistenz mit Wasser verdünnt.
Salzen, pfeffern und mit einer Prise Kümmel würzen.
Im Kühlschrank aufbewahren. Mit Eiswürfeln servieren.
In Spanien wird der Gazpacho oft auch als erfrischendes Getränk genossen: In dem Fall wird er stark verdünnt und ohne weitere Zutaten serviert. Meist ißt man ihn allerdings als kalte Suppe (dann natürlich dicker) zusammen mit gehackten harten Eiern, Paprika, Brot, Tomaten- und Gurkenwürfeln und feingehackten Zwiebeln. Jede Beilage wird in einem extra Schüsselchen auf den Tisch gestellt, so daß sich jeder nach Belieben bedienen kann.

Cake anglais (Foto S. 94/95)
(Englischer Kuchen)
Für 6 Personen:
100 g verschiedene kandierte Früchte, in Stücke geschnitten
100 g Sultaninen
100 g Korinthen
60 g geschälte Mandeln, außerdem noch ein paar für den Belag

2 kleine Gläser Rum
250 g Mehl
180 g Butter
180 g brauner Zucker
3 Eier
1 Päckchen Trockenhefe
1 EL Honig
1 Prise Gewürzmischung
1 Prise Salz
Die Rosinen waschen und zusammen mit den Mandeln in den Rum geben. In einer Schüssel die weiche Butter, den Zucker und das Salz so lange schlagen, bis die Mischung weißschaumig wird.
Ein Ei nach dem anderen dazugeben, dann das durchgesiebte Mehl und die aufgelöste Hefe. Schließlich die kandierten Früchte, die Rosinen, die Mandeln, den Rum, die Gewürzmischung und den Honig.
Die Masse in eine gefettete, beschichtete (oder mit Butterbrotpapier ausgelegte) Cakeform gießen und die Oberfläche mit einigen Mandeln garnieren.
In den sehr heißen Ofen schieben (250°), mittlere Höhe, damit der Kuchen unten nicht anbrennt. Nach 5–8 Minuten die Hitze reduzieren (150°) und fertig backen (ca. 45–60 Minuten).
Den Kuchen aus der Form nehmen und auf einem Grill auskühlen lassen.
Dieser Kuchen sollte zwei Tage vorher gebacken werden, er schmeckt besser, wenn er schon ein bißchen «altbacken» ist.

Jäger-Picknick

Terrine au jambon et au porto
(Foto S. 138/139)
(Terrine mit Schinken und Porto)
Für 6 Personen:
500 g Geflügelleber
200 g gekochter Schinken
300 g Wurstbrät
1 Glas Porto
2 EL Semmelbrösel
1 Ei
3 Lorbeerblätter
Salz, Pfeffer
Gewürzmischung (meist Zimt, Ingwer, Nelken, Muskat)
Muskat
1 EL gehackte Petersilie
2 Schalotten
Speckstreifen
Die Geflügellebern reinigen, eventuelle Spuren von (grüner) Galle, Haut, Fett und Sehnen entfernen. Reichlich salzen, pfeffern und mit Muskat bestreuen und für 2–3 Stunden in den Porto legen.
In einer Schüssel den gehackten Schinken, das Wurstbrät, Semmelbrösel, Ei, Petersilie und Schalotten (gehackt) miteinander vermengen. Salzen, pfeffern und mit der Gewürzmischung abschmecken.

Eine Terrine mit den Speckstreifen auskleiden und die Masse hineingeben. Oben drauf die drei Lorbeerblätter legen.

Der Deckel der Terrine wird mit einer Paste aus Mehl und Wasser fest verkittet und im Wasserbad im Ofen bei mittlerer Hitze (200°) gegart.

Besser schmeckt die Pastete, wenn sie schon am Vorabend zubereitet wird. Nach dem Abkühlen stellt man sie über Nacht in den Kühlschrank (so hält sie sich mehrere Tage).

Gâteau à l'orange (Foto S. 138/139)

Für 6 Personen:
2 Orangen
220 g Zucker
120 g Mehl
80 g Butter
2 Eier
1 Päckchen Backpulver

Die weiche Butter mit 120 g Zucker verschlagen. Mit dem Schneebesen Mehl, Backpulver und Eier darunterschlagen. Wenn der Teig ganz glatt ist, Schale und Saft einer Orange dazugeben.

In eine runde Kuchenform (Ø 20 cm) gießen und bei mittlerer Hitze (200°) etwa 35 Minuten im Ofen backen. Vorsicht: Der Kuchen brennt unten leicht an!

Die zweite Orange pressen und mit dem restlichen Zucker (100 g) verrühren.

Wenn der Kuchen fertig ist, ihn (heiß) aus der Form lösen und mit dem gezuckerten Orangensaft tränken (gut verteilen).

Der Kuchen schmeckt am besten, wenn man ihn schon am Vorabend zubereitet, er ist dann gut durchgezogen.

Picknick am Meer

Rillettes de daurade (Foto S. 108/109)

(Rillettes vom Goldbrassen)
Für 8 Personen:
1 ausgenommene Goldbrasse von 1200 g
Sud (vorher zubereiten):
1 Lauchstange
2 Karotten
75 dl trockener Weißwein
1 Handvoll grobes Salz
2 Gewürznelken
1 Selleriestengel
1 Kräutersträußchen (Petersilie, Thymian, Lorbeerblatt)
2 l Wasser
Pfeffer
Rezept:
1 Bund Schnittlauch
300 g süße Sahne
1 EL Pernod oder ähnl. Anis-Aperitif
1 Messerspitze Cayennepfeffer
1 Bund Dill

Salz, Pfeffer
Die Sahne in einer Schüssel in den Kühlschrank stellen.

Das Gemüse für den Sud putzen, kleinschneiden und mit den übrigen Zutaten und dem Wasser in den Kochtopf geben. Zum Kochen bringen und 30 Minuten lang köcheln lassen, abkühlen lassen.

Den Fisch in den kalten Sud geben und auf starker Flamme aufsetzen. Sobald der Sud kocht, die Flamme reduzieren und 30 Minuten ziehen lassen.

Den Goldbrassen herausnehmen, abtropfen lassen, enthäuten und entgräten. Das gesamte Fischfleisch (auch den Fischkopf, er ist besonders geschmackvoll) in eine Schüssel geben.

Schnittlauch und Dill kleinschneiden und zu dem Fisch geben. Salzen, pfeffern und mit dem Anisaperitif und dem Cayennepfeffer abschmecken.

Mit einer Gabel den Fisch in Stückchen zerpflücken und alles gut durchmischen. Für mindestens eine halbe Stunde in den Kühlschrank stellen.

Die Sahne steif schlagen und unter das Fischgemisch heben.

Abschmecken, mit einer Alufolie bedecken und für mindestens 5 Stunden in den Kühlschrank stellen.

Mit Roggenbrot oder Crackers servieren, dazu etwas Zitrone.

Pétales croquantes au chocolat

(Cornflakes mit Schokoladenüberzug)
Für 8 Gebäckstückchen:
8 kleine, aus Papier gefaltete, tütenförmige Förmchen (Ø 5 cm)
100 g Butter
120 g Bitterschokolade
100 g Puderzucker
150 g Cornflakes

In einer Schüssel mit dem Holzlöffel die weiche Butter, den Zucker und eine Prise Salz gut verschlagen, bis die Mischung weißschaumig ist.

Vorsichtig die Cornflakes unterheben, damit sie nicht zerbrechen. In die Förmchen verteilen und für gute 2 Stunden in den Kühlschrank stellen.

In der Kühlbox transportieren.

Gâteau d'argent et son lemon curd

(Kuchen mit Zitronencreme)
Für 6 Personen:
250 g Butter
250 g Zucker
250 g Mehl
4 Eiweiß
Schale einer halben Zitrone
Salz

Die Butter schaumig schlagen, Zucker und Salz dazugeben und so lange schlagen, bis das Gemisch weißschaumig ist. Mehl und Zitronenschale zufügen.

Die Eiweiß sehr steif schlagen und vorsichtig unterheben.

In eine gut gefettete und bemehlte Cakeform gießen und bei mäßiger Hitze (150°) 3/4–1 Stunde im Ofen backen.

Am Ende der Backzeit mit dem Holzstäbchen Garprobe machen. Der Kuchen darf auf keinen Fall zu dunkel werden, er soll hell bleiben. Die Garzeit ist bei den verschiedenen Öfen unterschiedlich lang.

Lemon curd

(Zitronencreme)
Für ein Glas:
2 Zitronen
250 g Zucker
50 g Butter
3 Eier

Die Schale der beiden (ungespritzten) Zitronen abreiben. Den Zitronensaft durchseihen.

In einer Kasserolle bei schwacher Hitze die abgeriebene Zitronenschale, den Saft, Zucker und Butter erhitzen, bis der Zucker geschmolzen ist.

Vom Feuer nehmen und die gut durchgeschlagenen Eier daruntermischen. Bei schwacher Hitze und unter ständigem Rühren weiterköcheln lassen, das Gemisch darf nicht kochen!

Die Zitronencreme ist fertig, wenn sie den Löffel mit einer feinen Schicht überzieht.

Abkühlen lassen, in ein Marmeladenglas geben und mindestens 2 Stunden kühl stellen.

Man serviert den Kuchen in Scheiben geschnitten mit der Zitronencreme darauf.

Far breton

(Bretonischer Far)
Für 6 Personen:
375 g Mehl
180 g Zucker
5 Eier
3/4 l Milch
150 g Backpflaumen
1 Prise Salz
1 walnußgroßes Stück Butter

In einer Schüssel Mehl, Zucker, Salz und die geschlagenen Eier miteinander vermischen. Nach und nach die Milch dazugeben. Als letztes die Pflaumen.

Eine runde Kuchenform ausfetten.

Die Masse hineinschütten und im heißen Ofen (200°) 15 Minuten lang backen. Die Temperatur senken (150°) und noch 1–1 1/2 Stunden backen. Garprobe mit dem Zahnstocher machen.

Kalt in einer flachen Schüssel servieren.

Rezepte Anne Darblay

Bibliographie

Alhoy Maurice: La Physiologie du voyageur, Paris.

Alméras Henri d': A pied, à cheval, en carrosses, voyages …, Paris. La Vie parisienne sous la Révolution et le Directoire, Paris 1909.

Ariès Philippe et *Duby* Georges, sous la direction de: Histoire de la vie privée, Paris 1987 (Geschichte des privaten Lebens, Bd. 1–5, Frankfurt a.M. 1993).

Battiscombe Georgina: English Picnics, London 1949.

Bertall: La vie hors de chez soi, Paris 1876.

Boussel Patrice: Histoire des vacances, Paris 1961.

Camporesi Piero: Le Goût du chocolat. L'art de vivre au siècle des Lumières, Paris 1992.

Gaxotte Pierre: Paris au XVIIIe siècle, Paris 1982.

Clément Pierre Albert: En Cévennes avec les bergers récits de transhumances, Presse du Languedoc, Montpellier 1991.

Crafty: La Province à cheval, Paris 1886.

Daudet Alphonse: Tartarin de Tarascon, Paris 1872.

Dictionnaire historique de la langue française, sous la direction d'Alain *Rey*, Paris 1992.

Dumas Alexandre: Le Grand Dictionnaire de cuisine, Paris.

Durrell Gerald: The Picnic and Suchlike Pandemonium, London 1979.

Fouilloux Jacques du: La Vénerie, 1888.

Giono Jean: Que ma joie demeure, Paris 1935.

Gombrowicz Witold: Trans-Atlantyk, Paris 1953 (Trans-Atlantik, Pfullingen 1964).

Grève Claude de: Le Voyage en Russie, Anthologie, Paris 1990.

Héron de Villefosse René: Nouvelle Histoire de Paris. Solemnités fêtes et réjouissances populaires, Paris 1980.

Jerome K. Jerome: Three Men in an Boat, Bristol 1889.

Johnstone Suzanna u. *Tennant* Ann: Picnic Papers, London 1983.

Langlois Gilles Antoine: Folies tivolis et attractions, Paris 1991.

Lacarrière Jacques: En cheminant avec Hérodote, Paris 1981.

Maupassant Guy de: Une partie de campagne. – Boule de suif. – Les Dimanches d'un bourgeois de Paris, Paris 1974.

Menon P. L. et *Lecotté* R.: Au village de France. La vie traditionnelle des paysans, Paris 1949.

Meyer Bertrands: La Vie quotidienne à Buckingham Palace, Paris 1991.

Mickiewicz Adam: Pan Tadeusz, Paris 1834 (Herr Tadeusz, Leipzig 1836).

Morand Paul: Éloge du repos, Paris 1992.

Montgredien Georges: La vie quotidienne sous Louis XIV, Paris 1953.

Pagnol Marcel: Le Château de ma mère, Paris 1958.

Panati Charles: L'Origine merveilleuse des choses de tous les jours, Paris 1989.

Pepys Samuel: Memoirs of Samuel Pepys Comprising His Diary from 1659 to 1669, London 1825.

Poète Marcel: Au jardin des Tuileries, Paris 1924.

Rivoyre Christine de: Les Sultans, Paris 1964.

Rossel André: Histoire de France à travers les journaux du temps passé, Paris 1982.

Rostand Edmond: Cyrano de Bergerac, Paris 1897.

Sordes René: Histoire de Suresnes, des origines à 1945, 1965.

Staffe Baronne de: Usages du monde, Paris 1895.

Tschechow Anton P.: Step', Moskau 1888 (Die Steppe, Köln 1940).

Vallat Paul: Le Tourisme d'autrefois, Paris 1928.

Vialatte Alexandre: L'Almanach des quatre saisons, Paris 1992.

Vuitton Henry L.: La Malle aux souvenirs, Paris 1984.

Fotografien (Leihgaben)

André Martin/Figaro Madame: 15; Sylvie Binet: 47, 111.

Association des Amis de J. H. Lartigue: 84–85 (Mitte), 87, 88–89 (Mitte), 148.

BAD/Coll. Maciet: 39 (links unten), 53, 79 (unten), 82 (links oben), 121.

Birmingham Museum and Art Gallery: 78.

Bulloz/Musée de Cherbourg: 56; Musée du Louvre: 21.

Cinémathèque française: 12.

Coll. Brigiatoff: 122 (oben).

Coll. Stanislas Darblay: 101, 106, 107 (oben).

Coll. Arqué: 57 (oben), 142–143 (Mitte).

D. R.: 13 (oben), 16, 29, 59.

Explorer/Mary Evans: 13 (unten), 28 (unten), 39 (rechts), 40 (oben), 137 (rechts unten), 142 (unten).

Galerie Gary-Roche, Paris: 124–125 (Mitte).

Gallimard 1979/Le Général Dourakine/Émile Bayard: 119.

Gautier-Languereau/Bécassine-à-Clocher-les-Bécasses S. 55: 112 (oben).

Giraudon/Bridgeman/Beaux-Arts de Dijon: 42 (unten); Château de Versailles: 62–63; Musée d'Orsay: 42 (oben).

Harrods: 17, 65 (Vignette), 67 (Vignette), 69 (Vignette), 76, 87 (oben).

Hermès: 90 (unten), 92–93 (unten und oben).

Hulton Deutsch: 6, 7, 10–11, 19 (unten), 35 (rechts), 36 (unten), 40–41 (Mitte), 46, 52, 64, 70, 71, 79 (oben), 80–81 (Mitte), 86, 99, 103 (oben), 117, 122 (unten), 136–137 (Mitte), 145 (oben), 152; Fitzwilliam Museum, Cambridge: 32; Keystone Collection: 8–9, 92–93 (Mitte), 98 (oben), 147, 149, 150–151 (Mitte); London Lib.: 33 (unten).

J.-L. Charmet: 33 (oben), 134; B.A.D.: 141.

Jacques Faizant/Denoël/Les Vieilles Dames et les loisirs: 50 (oben).

Jean-Jacques Magis: 48–49, 72–73, 94–95, 108–109, 123, 138–139, 154, Buchumschlag.

Keystone Paris: 38, 100, 104–105, 113, 146, 151 (rechts).

L'Illustration/Sygma: 36 (oben).

Louis Vuitton: 77, 80–81 (links u. rechts), 82–83, 84 (unten), 90 (oben), 91.

Le Tourisme d'autrefois/Paul Vallat/éd. J. Ray 1928: 118.

Luisa Ricciarini: 30–31, 54–55, 103 (unten).
Magnum/G. Peress: 61; H. Cartier-Bresson: 50 (unten); J. Koudelka: 114; R. Depardon: 51 (unten).
Musée de l'Armée: 128.
Musée des Beaux Arts de Rouen: 22–23.
Museum of Fine Arts/Boston: 65.
Philippe Caron/Sygma: 75.
Photothèque de la Ville de Paris/Spadem: 129 (unten).
R.M.N./Musée du Louvre: 25, 31 (rechts).

Retrograph-Martin Breese: 126–127 (unten).
Roger-Viollet: 28–29 (Mitte), 39 (oben), 40 (unten), 51 (oben), 57 (unten), 89 (unten), 98 (unten), 107 (unten), 112 (Rand), 115, 116, 120, 126–127 (Mitte u. oben), 130, 131, 140, 145 (unten); Musée d'Orléans: 19 (oben), 20; Musée de Rennes: 60; Musée de Versailles: 27.
Royal Geographical Society: 142 (oben).

Tate Gallery London: 44–45, 68–69.
The Betteman Archive: 10–11 (oben), 14, 18, 129 (oben), 135, 153.
The Bridgeman Art Lib.: 102, 125 (rechts); CH. Wood Gallery: 37.
Forbes Collection 34–35 (Mitte); J. Mensing Gallery: 58.
Puschkin-Museum: 43.
The London Illustrated News Picture Lib.: 144.
Victoria & Albert Museum: 66–67.

Danksagung

Jean Derens, Oberkustos der Bibliothèque Historique de la Ville de Paris,
Dominique Clémenceau, verantwortlicher Leiter des Erbes von Vuitton,
Nathalie Vîdal und Valérie Courbot von der Archiv- und Dokumentationsabteilung des Hauses Hermès,
Mira Brodka für ihr Informationsmaterial über Polen,
Nadene Hansen aus dem Hause Harrods,
Marie-Hélène de Taillac für ihre Nachforschungen in England und Anne Darblay für ihre Feinschmecker-Rezepte.

Picknick auf dem Land, S. 48–49:
Apilco, Poteries du Marais, Fanette, Fuschia, Garden Jardin, Jardins imaginaires,
Primrose Bordier für den französischen Jacquard, Mokuba.

Klassisches Picknick, S. 72–73:
Gastine Renette, Porzellan Philippe Deshoulières, Apilco, Königliche Kristallglasfabriken der Champagne,
Zinn von Manoir, Primrose Bordier für den französischen Jacquard, Au Bon Marché,
Champagner Besserat de Bellefon, Gänseleber Dubernet, Dessert Lenôtre.

Englisches Picknick, S. 94–95:
La tuile à Loup, Une Maison à Paris, Vivement jeudi, Portobello, Fanette,
Saillard, Taboureau Gartenbau.

Picknick am Meer, S. 108–109:
Habitat, Fanette, Portobello, Taboureau Gartenbau.

Picknick in den Kolonien, S. 123:
Comptoir français de l'Orient et de la Chine, Fanette, Mariage Frères, Optas,
Au Bon Marché, Primrose Bordier für den französischen Jacquard, Christine Dupond Fauville.

Jäger-Picknick, S. 138–139:
Porcelaine de Paris, Eric Dubois, Au Puceron chineur, Émile Henry,
Laurence Roque-Le Comptoir des ouvrages, Interchasse, Dubernet et Roland Barthélémy.